INTELLIGENCE ESTHÉTIQUE

UN GUIDE COMPLET POUR AIDER LES CHEFS D'ENTREPRISE À BÂTIR LEUR ENTREPRISE DE MANIÈRE AUTHENTIQUE ET DISTINCTIVE.

Jean Martin

TABLE DES MATIÈRES

3

CHAPITRE 5

L'ÉCOUTE DU GOÛT

CHAPITRE 6

INTERPRÉTER (ET RÉINTERPRÉTER) LE STYLE PERSONNEL

- ➤ L'HARMONISATION DE L'INTELLIGENCE DANS LE STYLE
- ➤ CODES VESTIMENTAIRES
- ➤ CULTURE, STATUT ET STYLE
- ➤ COMMENT REGARDER LES VÊTEMENTS

CHAPITRE 7

L'ART DE LA CURATION

- ➤ RÉTABLIR L'HARMONIE ET L'ÉQUILIBRE
- ➤ CURATION, OPPORTUNITÉ ET DISPARITION (ET RENAISSANCE) DU GRAND MAGASIN.
- ➤ CRÉER DES EXPÉRIENCES
- ➤ TOUT EST PERSONNEL
- ➤ EXERCICE D'ESTHÉTIQUE : MOOD BOARD

CHAPITRE 8

ARTICULER L'ART

- ➤ **LA VALEUR DES MOTS**
- ➤ **POURQUOI ÊTES-VOUS ICI ? L'ANECDOTE**
- ➤ **PICTURE THIS**
- ➤ **C'EST DANS LA BOÎTE**
- ➤ **ARTICULER LA BEAUTÉ**
- ➤ **ARTICULER L'EXPÉRIENCE DE LA RESTAURATION**
- ➤ **TRANSPORT ARTICULÉ**
- ➤ **QUI A TOUT À Y GAGNER ?**

CHAPITRE 9

L'AVENIR DE L'ESTHÉTIQUE

- ➤ **LA CRISE ENVIRONNEMENTALE**

- ➤ **L'EXPANSION NUMÉRIQUE ET L'EXPÉRIENCE TACTILE**

- ➤ **SÉCESSION TRIBALE**

- ➤ **BLURRED LINES**

être considérés comme responsables de quelque manière que ce soit des dommages ou des difficultés qui peuvent résulter de l'une des informations présentées ici.

En outre, les informations contenues dans les pages suivantes ne sont destinées qu'à des fins informatives et doivent donc être considérées comme universelles. Comme il sied à leur nature, elles sont présentées sans garantie quant à leur validité prolongée ou leur qualité intermédiaire. Les marques commerciales mentionnées le sont sans autorisation écrite et ne peuvent en aucun cas être considérées comme une approbation du détenteur de la marque.

CHAPITRE 1

L'AVANTAGE ESTHÉTIQUE

Le terme "esthétique" est généralement utilisé pour décrire
l'apparence des choses. Dans le monde des affaires, cela signifie
la conception de produits et d'emballages, l'image de marque et
l'identité d'entreprise. Toutefois, ce mot est bien plus utile si l'on
veut en saisir toute la signification, bien au-delà de l'élégance
visuelle. L'esthétique est le plaisir que nous avons tous à
percevoir des objets et des expériences par le biais de nos sens.
Intelligence esthétique Un autre terme auquel nous revenons est
la capacité de comprendre, d'interpréter et d'articuler les
émotions provoquées par un objet ou une expérience
particulière.

Les entreprises esthétiques font généralement appel aux cinq
sens et fournissent des produits ou des services qu'il est agréable
d'acheter et de consommer. En contrepartie, les consommateurs
n'aiment pas payer une prime pour bénéficier de ces produits et
services. Cependant, ils peuvent voir, goûter, sentir, entendre
(son) et préférer le plaisir des sensations somatosensorielles

(tactiles), notamment. Les déclarations esthétiques font passer la motivation du consommateur de fonctionnelle et transactionnelle à orientée vers l'expérience, ambitieuse et mémorable. Pour les entreprises, cela signifie une demande accrue pour leurs produits, une plus grande fidélité des clients et une plus grande valeur pour leurs actionnaires.

Dans un monde où les gens désirent moins, aspirent à des expériences plus riches et plus significatives, et disposent d'une force de marché sans précédent pour obtenir ce qu'ils veulent, la valeur esthétique du produit ou du service d'une entreprise est essentielle pour son succès à long terme. Les gestionnaires, les entrepreneurs et les autres professionnels peuvent exploiter le pouvoir de l'esthétique en apprenant à l'identifier et à l'appliquer à leurs intérêts commerciaux. Cette capacité critique est appelée intelligence esthétique. Ils gagnent lorsque les entreprises impliquent les consommateurs à un niveau artistique. Par le passé, les secteurs non-luxe qui se sont concentrés sur la taille, l'efficacité et l'innovation érodent la valeur des finances et des consommateurs en rejetant, en méconnaissant ou en sous-estimant l'esthétique.

Contrairement au "design thinking", qui se concentre sur le processus de résolution des problèmes et les stratégies basées sur les solutions, la valeur de l'esthétique d'entreprise est d'améliorer l'esprit humain par le biais d'expériences sensorielles et de ravir la possibilité d'évoquer l'imagination. Lorsqu'elle est bien faite, elle profite à la fois aux entreprises et aux clients. Récemment, et dans un avenir prévisible avec l'argent. Les ordinateurs peuvent résoudre des problèmes de plus en plus fonctionnels. Vous ne pouvez pas et ne trouverez pas de nouvelles façons significatives de renouer avec notre humanité. L'automatisation de la société signifie que les machines accomplissent aujourd'hui et de plus en plus de tâches telles que l'analyse, l'acquisition et l'interprétation de données, ainsi que des tâches physiques quotidiennes. Cependant, les gens doivent appliquer leurs talents et leurs compétences à des activités où la technologie ne peut être dépassée rapidement et économiquement. Cela inclut la capacité de créer de l'art, de créer de la beauté, et d'établir des connexions profondes avec les humains. Ce sont les endroits où nous pouvons aller au-delà des ordinateurs.

Le PDG de Google, aujourd'hui à la retraite, remarque : "Nous espérons réussir à l'avenir, et nous observons cette séparation des pouvoirs et, lorsque c'est nécessaire, nous rendons possible le fonctionnement des ordinateurs tout en nous spécialisant en faisant de notre mieux. Il faut apprendre. Lorsque l'on s'efforce d'atténuer les effets négatifs de la surproduction et du développement industriel, la qualité, l'importance, la beauté et la durabilité des biens doivent être plus importantes que le prix, l'accessibilité et la disponibilité. Le développement de normes et de stratégies esthétiques est essentiel pour la durabilité économique et sociale de toutes les personnes et entreprises.

IL EST POSSIBLE D'APPRENDRE L'ESTHÉTIQUE

Pour diriger une entreprise artistique, les managers doivent s'adapter non seulement à leur esthétique et à leurs valeurs, mais aussi aux sens et aux valeurs de leurs clients. Des études montrent que le sentiment et la pensée non analytique affectent environ 85 % des décisions d'achat. Cependant, les spécialistes du marketing concentrent généralement leurs efforts sur les 15 % restants de la décision d'achat, à savoir une évaluation raisonnable de la fonctionnalité.

La valeur de l'esthétique d'entreprise commence au sommet de l'IA du dirigeant, mais dépend également de sa capacité à construire, soutenir et maintenir l'organisation et la culture appropriées autour de cette position esthétique. Chacun naît avec plus de compétences artistiques qu'il n'en utilise. Bien sûr, les musiciens Bob Dylan sont extraordinairement attentifs aux sons et aux rythmes, ou les chefs Wolfgang Puck ont la capacité légendaire d'harmoniser les saveurs, les textures et les goûts, et ceux-là sont naturellement favorisés. Certains ont du talent. Mais les personnes comme Dylan et Puck doivent également améliorer encore leurs compétences et développer des styles pour rester actives et pertinentes dans leur domaine, afin de ne pas perdre leur avantage esthétique. Ils doivent également s'adapter à l'évolution des préférences sur le marché au sens large et modifier ou optimiser leurs expressions individuelles au fil du temps.

Après tout, les classiques ont aussi besoin d'être modernisés pour rester pertinents. Par exemple, la marque Louis Vuitton, l'ère des bateaux à vapeur qui a grandi dans la première vague de voyages mondiaux, est peut-être morte sur un bateau à vapeur après la Seconde Guerre mondiale. Pourtant, la marque est plus précieuse, plus influente et plus pertinente qu'auparavant. Comment y êtes-vous parvenu ? En obtenant l'antithèse appropriée entre héritage et résurrection, en ces temps de changement rapide, les valeurs de tradition et d'héritage sont encore plus critiques. Cependant, les marques ne doivent pas être préservées et présentées aux musées comme des œuvres d'art. Elles doivent encore être utiles et utilisables. Les spécialistes du marketing doivent prendre le temps de comprendre quels aspects du patrimoine des marques sont encore pertinents et quels sont ceux qui présentent simplement un intérêt historique. Vuitton, un fabricant français de bagages, a introduit au milieu du 19e siècle une malle à fond plat (empilable) en toile (relativement légère) et étanche à l'air (protégée des inondations). Il s'agissait d'une innovation utile et essentielle pour les voyageurs à l'époque des bateaux à vapeur.

Au XXIe siècle, l'idée de transporter des bagages volumineux et rigides n'est pas adaptée aux voyages modernes. Mais l'attrait du voyage autour du monde n'a jamais été aussi excitant. Louis Vuitton a une référence solide, actuelle et cohérente aux voyages dans le monde, y compris les photos des campagnes publicitaires, les motifs des magasins, les expositions pop ornées, et les Voguez et Voyagez conservés, ce qui en fait une grande marque Maintenir la pertinence. Il suit l'aventure [de la marque] de 1854 à nos jours. Cependant, tous ces produits sont légers et compacts, ce qui en fait des produits de taille idéale pour les conteneurs aériens. D'autres entreprises clés, comme Apple, Walt Disney Company, Adidas et Starbucks, améliorent encore leur qualité esthétique exceptionnelle et augmentent leur désirabilité tout en faisant attention à l'héritage et aux codes de la marque. Aucune n'est stagnante.

Ces entreprises ont des produits similaires à ceux de leurs concurrents. Les smartphones Apple ont la même puissance de calcul que Samsung. Airbnb, Marriott et Craigslist offrent aux voyageurs un service d'hébergement compétitif. L'esthétique est une discrimination. C'est pourquoi certains clients sont prêts à faire la queue pour payer plus de 1 000 dollars pour l'iPhone X ou à verser un acompte de 1 000 dollars pour être sur la liste d'attente d'achat de Tesla. L'esthétique explique pourquoi Airbnb est de loin le plus grand marché de la location de vacances, avec à la fois le plus grand groupe hôtelier du monde et la société Internet établie qui est leader du marché depuis 20 ans. L'esthétique de l'expérience de réservation est intuitive et attrayante. L'apparence du site web est propre, élégante, et inhérente en termes de fonctionnalité. La réservation ne se fait pas en plus de trois clics. Plus important que la convivialité, un site web doit aider les gens et les encourager à rêver.

Le dernier point concernant le processus de développement et d'utilisation de l'intelligence esthétique est ce que nous appelons l'empathie artistique : lorsque l'IA commence à établir sa sensibilité esthétique, elle exige une compréhension et un respect aussi profonds que possible de la sensibilité des autres. Et contrairement à la nôtre, elle reflète mieux le marché. Le fait qu'il existe différents types de bon goût ne signifie pas qu'il n'y a pas de mauvais goût. "Connaître la différence entre les bons et les mauvais goûts et être sensible aux bons sentiments (c'est-à-dire l'empathie esthétique) des autres, permet d'imaginer et de prédire qui réagira (ou non) à votre produit ou service Un outil précieux pour savoir comment.

Comprendre comment l'esthétique peut aider votre entreprise et comment l'utiliser de manière efficace et fiable peut augmenter considérablement vos chances de survie et de longévité. Prenons l'exemple de Veuve Clicquot, l'une des marques de champagne les plus célèbres au monde. Cet homme d'affaires français du début du XIXe siècle s'est fait connaître sous le nom de "Grande salle du champagne" grâce à ses innovations dans l'expression esthétique du champagne. En 1798, elle épouse François Clicquot, le fils du fondateur de la Maison Clicquot. François partage avec sa femme la passion et la connaissance du champagne. Lorsqu'elle devient veuve à l'âge de 27 ans en 1805, elle est en mesure de diriger une entreprise. L'entreprise a continué à prospérer sous sa direction.

Madame Clicquot a non seulement sauvé l'entreprise familiale mais l'a améliorée en développant une nouvelle technique de production appelée puzzle qui a considérablement amélioré le goût et l'aspect visuel du champagne. Elle a mis au point une méthode pour combattre l'aspect désagréable des sédiments déposés au fond de la bouteille. Cette technique est encore utilisée par les vignerons aujourd'hui. Madame Clicquot a également innové le premier assemblage de champagne rosé. Le champagne rosé est un rose fascinant qui est populaire pour les mariages et les occasions spéciales dans le monde entier. L'étiquette jaune-jaune, une signature de Clicquot depuis 1772, est un puissant marqueur visuel de la tradition et de la personnalité de la marque. Madame Clicquot a utilisé son intelligence esthétique pour améliorer les produits existants, créer des produits spéciaux et les rendre intemporels. La puissance d'une stratégie artistique solide a fait de son entreprise l'une des premières marques de champagne au monde. Cependant, Mme Clicquot n'est pas née avec la connaissance de l'industrie du vin et n'est pas allée à l'université pour étudier le design. Au lieu de cela, elle a vu avec son mari et a appris à faire confiance à son instinct sur ce qui était bien dans le produit et ce qui serait mieux. Ici, le livre commence par l'idée que l'on peut apprendre l'IA.

L'historien de l'art Maxwell L. Anderson affirme que, comme l'a montré Madame Clicquot, le développement de l'IA ne nécessite pas de formation formelle ou de croissance dans un environnement sophistiqué, mais il fournit certainement les bases. Prétendre être utile. Selon le Dr Anderson, il s'agit d'une compétence que tout le monde peut développer. Si vous êtes passionné de cuisine, vous pouvez avoir un instinct sophistiqué pour les aliments de qualité. Le cycliste apporte la même rigueur à son jugement sur les bicyclettes - les peintres à l'huile et à l'acrylique de certaines marques. Selon Anderson, ils devraient pouvoir transférer ces compétences et développer leur jugement en matière d'art et de design. Les ustensiles de cuisine Le Creuset, préférés des chefs, suivent les mêmes principes d'excellence artisanale que les autres produits de luxe. Apprenez à reconnaître et à utiliser cette capacité à faire la distinction entre la fabrication d'objets et d'expériences amusantes dans d'autres domaines. C'est la première étape pour favoriser l'IA. La pratique mène au polissage. Une fois que vous reconnaissez la qualité, résistez à l'envie de copier les autres. L'authenticité et l'originalité sont essentielles pour obtenir des résultats esthétiques à long terme, surtout dans le monde des affaires. Les marques de mode rapide peuvent créer des motifs, des styles et des silhouettes similaires aux articles de créateurs haut de gamme convoités, mais la valeur de ces répliques diminue à chaque port. Comme les voitures neuves, les rabais ont peu de valeur de revente. Les sacs Helms Birkin, en revanche, sont souvent vendus aux enchères à des prix bien supérieurs au prix de détail original.

Emmenez les personnes créatives et visionnaires dans la suite exécutive, donnez-leur la même place à la table et donnez-leur les moyens de faire de leur mieux. Ne justifiez pas toutes les décisions par des calculs financiers. Pour des hommes d'affaires comme David Rubenstein, être entouré de personnes esthétiquement intelligentes est particulièrement important. Compte tenu de sa position, il n'a peut-être pas besoin d'avoir lui-même un sens aigu de l'esthétique. La valeur esthétique ne se limite pas aux entreprises orientées vers le design dans des domaines tels que la beauté et la mode. Établir des liens entre les gens est une tâche complexe qui a des implications considérables. Cela peut se faire par le biais de l'esthétique. Avec un peu de chance, cela conduira à une expérience de marque plus luxueuse. Il incombe au créateur d'harmoniser ses pensées avec des motifs qui méritent d'être vécus en profondeur. Le consommateur moderne, qui n'est plus intéressé par l'accumulation de biens matériels, recherche la profondeur et le sens. C'est pourquoi une marque tolérable a du sens, est émotionnelle et inspire l'imagination. Vos moteurs vont bien au-delà de la motivation commerciale. Ils s'efforcent d'unir et de ravir les générations qui sont impressionnées par leurs produits et services. Les entreprises esthétiquement productives doivent être construites sur une base lumineuse et stable. En définitive, elle interpelle, responsabilise et séduit les clients. Vous n'avez pas besoin de voir ou de traiter vos clients dans le seul but de les consommer, mais au final, vous voulez vous sentir vivant.

CHAPITRE 2

LES SENS

Comme mentionné dans cet ouvrage, environ 85 % des décisions d'achat des consommateurs dépendent de ce qu'ils ressentent à l'égard du produit ou du service (plaisir esthétique). Seuls 15% sont basés sur une évaluation consciente et rationnelle des caractéristiques et des fonctions du produit. Ironiquement, les spécialistes du marketing se concentrent à 100% sur le développement, la construction et la promotion des caractéristiques du produit. Aussi longtemps que le produit ou la coopération fonctionne, les entreprises qui stimulent les sens et trouvent des moyens de créer des connexions associatives ou émotionnelles ont une valeur à long terme.

CRÉATIVITÉ ET PSYCHOLOGIE DE LA SENSATION

L'accès aux sensations passe par une série d'activités biologiques et neurologiques qui sont perçues et identifiées par le cerveau, puis répondent à des souvenirs pertinents qui rappellent des personnes, des lieux ou des événements. Notre esthétique dépend fortement de la façon dont nous interprétons les expériences sensorielles. Ce n'est pas banal, surtout lorsqu'on crée des leçons et des moments qui impliquent des personnes.

Le son atteint d'abord le cerveau en faisant vibrer le tympan vers le canal auditif. La vibration est transmise à la vache par les osselets. Sous l'effet de l'onde sonore, le liquide contenu dans la vache bouge et les cellules ciliées se courbent. Les cellules ciliées génèrent des signaux nerveux que le nerf auditif capte. Les cellules ciliées situées à une extrémité de la vache transmettent des informations sur les sons graves, et les cellules ciliées situées à l'autre extrémité communiquent des détails sur les sons aigus. Le nerf auditif envoie des signaux au cerveau. Dans le cerveau, les signaux sont interprétés comme étant forts ou doux, calmants ou abrasifs. L'être humain réagit à certains sons. Le bruit d'un marteau-piqueur est gênant et agaçant, il vous oblige à fermer les fenêtres et à traverser la rue en trombe. En revanche, le son d'un bébé qui pleure est intolérable, l'idéal étant de pleurer avec la source sonore. Trouvez un enfant confortable. L'exclusion des chiens est considérée comme une note, et le rire nous dit de nous détendre et de prendre part au plaisir.

L'odorat est un processus chimique, et nos récepteurs et nerfs nasaux identifient les substances chimiques présentes dans l'environnement, qui peuvent être bénignes, confortables ou répulsives. Notre odorat est également lié au bulbe olfactif, l'une des structures du système limbique, la partie ancienne du cerveau humain. Notre compréhension de l'odorat est ancrée dans la partie naturelle du cerveau, qui fait partie du mécanisme de survie. L'olfaction n'est pas reliée par le thalamus, qui intègre toutes les autres informations sensorielles. L'odeur est envoyée directement à l'amygdale et à l'hypothalamus. Aucun de nos autres sens n'a une connexion aussi directe avec la zone du cerveau responsable du traitement des émotions, de l'apprentissage associatif et de la mémoire. L'odeur de l'herbe fraîchement coupée rappelle le début de l'été. Les agrumes, en particulier les citrons, représentent la propreté. Le pin nous rappelle des vacances d'hiver festives. Comme le montrent les résultats, ces trois parfums nous rendent heureux. Les arômes de type café peuvent aider à mieux résoudre les problèmes d'analyse.

Le toucher fait partie du système somatosensoriel, un réseau étendu et diversifié de récepteurs et de centres de traitement qui aident à percevoir les sensations agréables, les températures et la douleur qui sont traitées dans le lobe pariétal du cortex cérébral. Ces récepteurs sensoriels couvrent la peau et l'épithélium, les muscles squelettiques, les os et les articulations, les organes internes et même le système cardiovasculaire. Le cachemire transmet une sensation de confort luxueux. Le goût rafraîchissant de la feuille de percale tissée serrée transmet un sentiment d'élégance et d'ordre. Les tables en chêne brut donnent une impression de force et de durabilité.

La vue est le sens prédominant de l'ère post-industrielle, dans laquelle la perception visuelle consiste à percevoir la lumière, la couleur, la forme, le mouvement et tout ce qui se trouve dans notre environnement. Bien sûr, ce que nous voyons est interprété dans le cerveau, mais des couleurs et des configurations spécifiques peuvent le manipuler. En Occident, le rouge signifie souvent l'immobilisme, le sang ou le sexe. Le jaune signifie la joie et le soleil. Le blanc signifie pureté et propreté. Et le vert signifie fraîcheur et nature.

Le goût ou la saveur est la capacité de reconnaître la sensation d'une substance. Chez l'homme (et les autres vertébrés), le goût est souvent moins perçu que la perception de la saveur dans le cerveau. Il s'agit d'une fonction du système nerveux central. Nos récepteurs gustatifs sont situés à la surface de l'épithélium de la langue, du palais mou, du pharynx et de l'épiglotte. Traditionnellement, nous avons défini quatre sensations gustatives primaires : sucré, salé, acide et amer. La cinquième sensation, appelée Umami, est une nouvelle sensation qui a été ajoutée aux quatre traditionnelles. Le goût sucré est lié à l'amusement et au plaisir (crème glacée, chocolat), l'aigre à la chaleur et au confort (pâtes faites maison, poulet rôti, soupe de légumes), la force et l'Umami (parmesan, tomates, champignons, bœuf).

L'INFLUENCE DE HALO

Le plaisir esthétique est la satisfaction profonde ou le plaisir ressenti lorsqu'une sensation (au moins trois des cinq sont victorieuses) est éveillée, concernant un produit particulier, une marque spécifique, un service particulier, ou une expérience spécifique est. Il est intéressant de noter que cette forme de plaisir consomme non seulement un produit ou un service mais aussi le même souvenir qui évoque une sensation lorsque nous le manipulons, en raison de la combinaison de l'attente et du souvenir de l'expérience vécue en utilisant le produit ou le service. Traitez les éléments sensoriels du produit qui vous font plaisir. Des études montrent qu'environ 50 % du plaisir du consommateur est lié aux attentes et aux souvenirs (le reste des expériences sensorielles passées). Les autres cinquante pour cent sont associés à l'expérience directe (les cinq sens travaillent ensemble et occupent les gens à ce moment-là).

Bien qu'elle n'explique pas comment une société peut propager le succès financier d'une entreprise, l'expérience est un continuum qui comprend le souvenir de la piste, le contexte et ce qui informe de manière répétée le point. L'exemple original est la naissance. L'attente stimulante du bébé et le souvenir de la sensation et de l'odeur merveilleuses du nouveau-né contrastent souvent avec la douleur intolérable des contractions lors de l'accouchement réel. Cette douleur peut être pardonnée lorsque les souvenirs lointains sont atteints ou lorsque les attentes du deuxième bébé arrivent, et que l'excitation et les attentes augmentent à nouveau. N'oubliez pas de prendre un repas délicieux. Manger est un plaisir, mais se souvenir le lendemain fait partie de l'expérience, et penser et planifier de manger dans le même restaurant à l'avenir. Il en va de même pour les montagnes russes. Non seulement le frisson de la sortie mais aussi le lien avec les carnavals et les parcs avec la famille et les amis, le souvenir des sentiments lorsque nous frappons le camion de haut en bas est significatif,

Les voyages en famille à Disney World sont un autre exemple parfait de l'effet de halo. L'expérience d'être dans un parc à thème est généralement agréable, mais elle n'est pas sans inconvénients, comme la chaleur et l'humidité insupportables d'Orlando. Les longues files d'attente qui mènent aux voyages les plus populaires, surtout aux heures de pointe. Le coût élevé des repas pris sur place. Cependant, lorsqu'on leur demande d'expliquer les vacances à Disney, la plupart d'entre nous pensent à un sourire sur le visage d'un enfant, au frisson que procure le fait d'embrasser Mickey, à la magie de voir une princesse se promener dans son royaume et à des divertissements colorés et amusants. Alors que les familles préparent leurs prochaines vacances à Disney World, nous sommes de plus en plus impatients de découvrir les derniers manèges et de rencontrer les derniers personnages. Il suffit de se rappeler les plaisirs que vous avez retirés de votre dernière visite, ce n'est pas la chaleur atroce d'Orlando ou la monotonie de l'attente de l'Astro Orbiter pour tourner. Disney World offre une expérience tellement magique et inoubliable, permettant aux gens d'être impliqués dans tous les sens et toutes les émotions. Sept D'autres expériences de consommation peuvent offrir des opportunités tout aussi immersives en permettant de voir, de sentir, d'entendre, de goûter et d'humer des choses profondément personnelles. Le territoire personnel a des avantages. Les parcs à thème (et les entreprises) sont importants, mais les leçons tirées de Disney World dépassent l'échelle. Disney a trouvé un moyen de découvrir la marque et de dépouiller cette couche pour les clients appelés invités.

Malheureusement, l'effet de halo ne tient pas compte de l'expérience client du début à la fin, de sorte que les entreprises ont toujours tort. Par exemple, les magasins et boutiques de vêtements vous accueillent et rendent l'entrée confortable et attrayante. Un vendeur peut m'aider sans être obéissant. Cependant, le paiement des articles peut s'avérer fastidieux, et les livraisons que même les grands magasins haut de gamme sont perçus comme rouges et indifférents peuvent laisser des souvenirs désagréables ou du moins discrets. Les détaillants, en particulier, peuvent rendre l'expérience d'achat plus agréable, plus excitante et plus mémorable.

Le magasin de détail traditionnel n'est pas mort mais perdu. Ils sont passe-partout et pire encore, ils sont inoubliables. Comment les détaillants peuvent-ils mieux impressionner leurs clients, de préférence de manière très positive ? Pour commencer, les employés peuvent les saluer et leur dire au revoir lorsqu'ils entrent dans le magasin. Ils peuvent envoyer des notes manuscrites aux meilleurs clients et leur montrer leur attention et leur reconnaissance. Si de tels efforts peuvent sembler anodins, ne sous-estimez pas l'impact des documents personnels sur les gens. Des recherches menées à l'université du Texas ont révélé que les personnes reconnues se sentaient beaucoup plus heureuses que ce que les chercheurs avaient prévu. En moyenne, les participants à l'étude ont mis moins de 5 minutes pour écrire une lettre. Les détaillants peuvent également inclure de petits cadeaux qui ne sont pas vendus en magasin mais qui sont complémentaires et originaux au moment de l'achat. B. Échantillons de parfum, pot-pourri ou confiserie. Les gens appellent et remercient également les clients dont les noms sont facilement disponibles sur les cartes de crédit et prétendent se souvenir des noms de ceux qui reviennent. De tels gestes sont doux et pratiquement peu coûteux.

Bite Beauty appelle ce magasin un laboratoire de rouge à lèvres. Les magasins de New York, Los Angeles, San Francisco et Toronto illustrent l'aspect propre et élégant d'un laboratoire tout en étant à la mode et confortable. Avec un long comptoir brillant, vous pouvez lever la chaise tout en permettant aux techniciens de créer ensemble des couleurs personnalisées. L'achat d'un rouge à lèvres est personnel et unique. Cela contraste avec de nombreuses expériences de shopping où les gens se sentent abandonnés dans les grands magasins ou ignorés par un personnel non formé et indifférent. Non seulement pour le pouvoir d'achat mais aussi pour la personnalité, les vendeurs doivent repenser leur retour à un service courtois où ils s'intéressent véritablement à leurs clients. Une technologie [de vente au détail] réussie ne laisse pas les gens de côté et n'augmente pas l'efficacité, mais elle facilite les transactions et l'interaction entre les personnes. Cette connexion peut être obtenue en traitant les sentiments. Bite transforme ce qui est un produit de beauté essentiel et quotidien pour beaucoup en une expérience créative et interactive mise en valeur par la conception du magasin, l'éclairage, l'atmosphère et le personnel.

Les gens aiment particulièrement faire leurs achats dans la boutique de parfums Joe Malone parce qu'elle est sensoriellement attrayante et que tout semble spécial. Les vendeurs sont bien formés et parlent des parfums avec professionnalisme et générosité. Les acheteurs sont encouragés à essayer autant de parfums qu'ils le souhaitent et à apprécier l'expérience de la comparaison des senteurs. Le point d'achat est la partie la plus excitante des voyages Joe Malone. Lorsque des articles tels que des cadeaux sont emballés et présentés, la marque s'épanouit à la caisse. Les produits sont soigneusement enveloppés dans des boîtes en gros-grain, emballés dans des sacs à provisions luxueux, et remis de façon splendide. Lorsque vous rentrez chez vous, ouvrez le cadeau et placez-le fièrement sur votre commode ou votre bureau pour poursuivre l'expérience.

LA FORME DU BON GOÛT ET DU SON

Le goût de la cuisine ne se manifeste pas aussi fréquemment que les quatre autres sens. Cependant, il est essentiel pour toute personne impliquée dans le manger et le boire de comprendre correctement le goût. Même si le produit est fabriqué avec les ingrédients les plus frais et de la plus haute qualité, d'autres facteurs peuvent être un désastre pour les repas, les snacks et les cocktails les plus délicieux. Commencez par quelque chose d'aussi simple qu'un verre de vin. Plus le verre est fin, meilleur est le goût du vin, et cela ne se fait pas. C'est dans la science. Selon les chimistes, la montée de la vapeur du vin diffère de la forme et de l'épaisseur spécifiques du verre, ce qui peut avoir un effet positif ou négatif sur le goût du vin. Il est communément admis que le champagne a meilleur goût dans les flûtes longues et hautes, et que la mousse tombe rapidement de la coupe démodée (mais toujours attrayante).

En réalité, l'excellent goût du champagne est meilleur lorsqu'il est servi dans un verre à vin blanc fin de bonne qualité. Les restaurants (et autres) qui servent du bon champagne dans une flûte ou un coupe nuisent à l'expérience de consommation. L'une des raisons de l'amour du champagne est que le sifflet permet de garder le vin fouetté, explique Seth Box, directeur de la vente au détail chez Hennessy, qui possède la meilleure marque de champagne au monde. Cependant, les flûtes vous empêchent de ressentir le parfum du vin, qui fait partie de l'expérience de dégustation. Vous ne pouvez pas mettre votre nez dans un tuyau étroit, note Box.

LA GRÂCE DE LA LAIDEUR

L'activation des sensations pour atteindre le plaisir esthétique ne découle pas seulement du mouvement standard de la beauté et du confort. Elle provient également d'expériences répulsives qui semblent nombreuses ou effrayantes. Les Français ont le mot Jolly Reid, qui est très dur et signifie représenter au mieux l'idée. Les gens sont attirés par les choses qui les repoussent. Bien sûr, mais pas toujours, ce concept explique pourquoi nous sommes satisfaits de la satisfaction bizarre des montagnes russes du groupe de heavy metal Anthrax, du film d'horreur L'Exorciste et de la Tour de la Terreur de Dreamworlds. Même la mode peut toucher et attirer la joie par nos sens.

Le récent succès de Gucci dans la mode laide est également devenu apparent. Alessandro Michele, qui a repris Gucci en 2015, est également connu pour son approche anti-beauté illimitée des imprimés, motifs et graphiques. Une voie claire vers lui, chic et ringarde, utilisant des motifs et des couleurs excentriques et surprenants, peut sembler puriste et de mauvais goût aux puristes. Cependant, pour beaucoup d'autres, son design a créé une nouvelle façon d'accéder au luxe européen et a permis d'exprimer des personnes de façon non conventionnelle et inhabituelle. Il a choisi une catégorie, la haute couture, qui était raisonnablement amusante et limitée par des règles, et l'a rendue à nouveau amusante et créative. L'éthique générale de Michelle en matière de design est que plus est plus. C'est-à-dire plus de couleurs, plus de motifs, plus de textures.

Ses conceptions sont meilleures pour les étrangers. Parce qu'ils offrent toutes sortes de façons d'entrer en contact avec les gens par le biais de sensations, certains modèles rappellent ce que nous considérons comme plus simple grâce à l'aspect rétro des années 60, 70 et même 80. Dans ce passé romantique, nous nous sentons heureux et en sécurité même si nous n'étions pas là à l'époque (comme le plus jeune client de Gucci). Cet esprit se retrouve dans les baskets célèbres et à succès, les tricots très colorés, les chaussures, les sacs à main, les portefeuilles, les sacs à dos, les pulls, les shorts en jean, les sweats à capuche, les blousons bombardiers et les écharpes de bijoutier. L'illustration du chiot présenté est l'œuvre d'une artiste nommée Helen Downey, également connue sous le nom d'ouvrière non qualifiée. Il a offert à Michelle deux oreillers décorés des graphiques de Boston deux Boss Terrier et Ortho. C'est un classique de Michele. Inspiré par des artistes et traduit en surprises et en biens de consommation amusants. Mais est-ce qu'il définit la notion traditionnelle de la beauté dans la mode ? Pas du tout. Il y a des designs audacieux, et ils sont stimulants.

Tant que la laideur est basée sur des propriétés attrayantes, comme le charme et la bizarrerie. La laideur n'est jamais une bonne chose, même si elle est moyenne si elle est basée sur des traits réels comme la méchanceté et la corne. Considérez la différence entre un carlin dégingandé et un pitbull sanguinaire rugissant. La plupart des gens pensent que la première photo est mignonne (bien qu'elle puisse être sale de toute façon) et que la deuxième photo est adorable. La gaffe de Gucci avec un pull noir est un exemple classique. En février 2019, la société a commémoré un pull noir de 890 $ avec des lèvres rouges tissées autour de l'ouverture de la bouche du porteur. Les critiques du pull ont noté que si l'entreprise employait du personnel plus coloré dans les départements de conception et de marketing, les maillots auraient été classés comme inappropriés avant d'être fabriqués.

ACTIVER ET RÉACTIVER : MARKETING SENSORIEL

Les émotions peuvent être fugaces, mais les sentiments qui y sont liés durent plus longtemps. Les spécialistes du marketing doivent donc comprendre l'impact perçu par les clients avant, pendant et après l'expérience. Tout est essentiel lorsqu'on réfléchit à la manière d'impliquer les sens des gens. L'engagement sensoriel doit être actif. Les sensations ne doivent pas être aussi confortables qu'avant, mais elles ne doivent pas être inconfortables. Les montagnes russes de l'estomac, la mode folle Gucci et la musique heavy metal bruyante ont tous des fans enthousiastes. Ils comprennent leurs composantes essentielles et savent que leurs sens aiguisés peuvent y faire face, mais pour d'autres, il peut s'agir d'une sensation désagréable.

Un exemple typique est celui d'un vendeur de Bloomingdale qui asperge de parfum, que le client lui plaise ou non. Il se peut que le parfum sente bon ou non, mais il constitue une expérience désagréable lorsqu'il est imposé de manière très agressive aux acheteurs. Aujourd'hui, l'approche de la vente de parfum dans les grands magasins a radicalement changé car les détaillants ont compris que la technologie affecte non seulement les sens mais aussi les personnes. Aujourd'hui, de nombreux détaillants forment les vendeurs à demander à leurs clients leurs parfums préférés, à leur demander des réponses, puis à essayer les parfums qui correspondent à leurs goûts.

Rolls-Royce a remarqué que l'odeur était bénéfique et a modifié sa méthode de fabrication. Elle a commencé à utiliser du plastique à base de cuir au lieu du bois pour certaines parties du véhicule. Les clients n'aimaient pas l'odeur du plastique. Ce n'était pas l'odeur de voiture neuve de luxe qu'ils attendaient d'un constructeur automobile. Les ventes ont chuté. Rolls-Royce a été assez intelligent pour demander aux clients pourquoi ils rejetaient le nouveau modèle. Les clients ont répondu que les anciens modèles avaient une odeur savoureuse et boisée, mais que les nouvelles voitures sentaient le plastique utilisé pour les fabriquer. L'un des rares composants du nouveau modèle (les commutateurs de fenêtre et les interrupteurs du tableau de bord semblaient également plus légers en raison de l'utilisation de matériaux plus légers) a eu un impact sur les ventes, mais il était significatif. Les attentes des gens à l'égard d'un produit sont liées à la manière dont ils interagissent judicieusement avec ce produit. Rolls-Royce a résolu ce problème en engageant un expert en odeurs, en imitant l'odeur boisée des vieilles voitures et en développant un parfum qui utilise l'odeur de la Rolls-Royce Silver Cloud de 1965 comme modèle. Le parfum a été appliqué à l'intérieur des nouvelles voitures après leur fabrication.

L'arôme est également culturel. Lorsqu'elles traitent avec leurs clients, les entreprises doivent tenir compte de qui achète et de leurs attentes olfactives. Pour les Américains, l'odeur des détergents pour marée propre est contrastée, selon Olivia Jezler, directrice de Future of Smer, experte en parfums et spécialisée dans la science, la psychologie et la conception des arômes. D'ailleurs, selon elle, l'idée d'une odeur propre vient de Chine ou d'Inde. La médecine chinoise, souvent basée sur les herbes, a un effet purificateur, tout comme la médecine ayurvédique en Inde. Les habitants de ces pays associent davantage la propreté aux odeurs de terre et d'herbe que les Américains, qui ont tendance à associer la fraîcheur à un parfum floral.

Starbucks a également découvert que les odeurs sont bénéfiques. Les leçons ont été tirées lorsqu'une odeur indésirable et inattendue, sous la forme d'un petit pain pour le petit-déjeuner, comme la Rolls-Royce, a été introduite dans le magasin. La baisse des ventes des patrons en 2008 était directement liée à l'odeur des sandwichs. Elle créait un royalisme. Elle a perturbé l'arôme du café que les amateurs avaient espéré et apprécié, et a finalement gâché l'expérience globale du magasin. Le déjeuner a été retiré, reformulé et renvoyé sans odeur désagréable.

UN MOTIF DISCRET ET UN CONFORT ACCRU

Les entreprises les plus performantes proposent souvent une expérience sensorielle marquante mais non détectée. C'est ce qu'on appelle un design invisible. Les éléments peuvent être distincts mais n'ont que peu ou pas de valeur. Notez que tous les rouges à lèvres sont fabriqués à partir des mêmes ingrédients essentiels. Pourquoi les femmes paient-elles six fois plus le rouge à lèvres Rouge Allure Velvet de Chanel (37 $) vendu chez Neiman Marcus que le rouge à lèvres super brillant de LeBron Cherry (6,02 $) vendu chez Wal-Mart ? Les femmes peuvent dire qu'elles aiment la tenue du rouge à lèvres Chanel ou sa durée de vie, mais la vérité est qu'elles préfèrent l'expérience esthétique de l'utilisation de rouges à lèvres plus chers. La qualité de la cire est, bien sûr, égale à la nuance du rouge.

Le plaisir de l'utilisateur peut être renforcé par le poids du cylindre Chanel, l'éclat des jantes métalliques ou le logo double C élégamment gravé sur le bouchon. Même l'expérience d'acheter un rouge à lèvres Chanel est plus rare que de se rendre dans une pharmacie à l'éclairage sombre, de sortir un emballage en plastique transparent et inviolable d'un porte-bagages et de devoir attendre que la caissière vous appelle. Un achat luxueux et amusant. LeBron et ses partenaires drugstores affirment qu'ils peuvent apprendre beaucoup de Chanel sur le maintien des devises esthétiques et l'augmentation des ventes sans nécessairement augmenter les coûts ou les prix.

En investissant quelques pence supplémentaires par unité, Revlon pourrait transformer l'emballage secondaire et emballer le rouge à lèvres dans une petite boîte d'allumettes qui semblerait plus exclusive et digne d'un cadeau. (En matière de vente de produits de beauté, il faut tenir compte de la cérémonie du cadeau). Revlon peut également graver son nom ou son logo sur la cire du bâton. Pour Chanel, cet élément de conception signifie que les applications réelles seront moins communes et plus identifiables. LeBron peut également envisager de restructurer le langage de la publicité. Actuellement, il se concentre sur la fonctionnalité (technologie du gel sans cire), utilise des clichés et des expressions kitsch (at-a-glance), et manque de repères visuels attrayants - un style photographique original plus puissant pour les publicités Chanel. En ce qui concerne le merchandising, LeBron présente les articles en collections (ColorStay, PhotoReady) ou en apparences (smoky eyes, gay lockers) et ne peut les présenter en catégories (rouge à lèvres, mascara). Cela empêchera les consommateurs d'acheter des articles individuels (pour résoudre des problèmes) ou d'acheter des ensembles saisonniers ou des styles globaux. Surtout, les consommateurs pourront rêver. Lorsqu'il s'agit de maquillage, les consommateurs achètent des expériences accessibles à travers une variété de produits qui ont l'air personnels et exclusifs.

LES EFFETS SONORES ET NOS PRÉFÉRENCES

Le son nous affecte de quatre manières. La première est physiologique. Les sirènes, les humains qui se battent, le fait d'entendre un chien grogner provoquent une réaction de combat ou de fuite, tandis que les sons apaisants des vagues de l'océan et du chant des oiseaux calment et réduisent le rythme cardiaque. Cela indique que les choses sont sûres (s'inquiéter si l'oiseau cesse de chanter). La seconde est d'ordre psychologique. Par exemple, la musique affecte notre état émotionnel. La musique triste nous déprime, et la musique rapide nous rend heureux. Les bruits naturels affectent également les émotions. Des oiseaux qui chantent la même chanson nous apportent de la joie et un confort physiologique. La troisième façon dont le son nous affecte est la cognition. Les personnes travaillant dans des bureaux ouverts avec de nombreux employés sont 66 % moins productives que celles qui ont des bureaux privés et calmes. Les bureaux paysagers ont gagné en popularité pendant le boom technologique, mais certaines entreprises sont encore désavantagées.

La quatrième façon dont le son nous affecte est l'action. Si vous entendez une musique rapide en conduisant, vous pouvez appuyer sur l'accélérateur. Écoutez le Canon de Pachelbel, et vous pouvez travailler dans une zone de vitesse comprise entre 45 et 55 mph. Le ton détermine ce que nous mangeons. Des études montrent que les gens sont plus susceptibles de choisir des collations sucrées et riches en calories et de la malbouffe lorsqu'ils sont entourés de musique forte, et des produits plus sains lorsqu'ils écoutent de la musique douce et calme. Dipayan Biswa, professeur d'économie et de marketing à l'université de Floride du Sud à Tampa, explique que la musique forte rend l'individu plus excitant, physiquement excité, débridé, et qu'il a tendance à choisir quelque chose de plus généreux. La musique grave nous rend plus détendus et attentifs et tend à choisir quelque chose qui nous convient à long terme.

Nous avons généralement tendance à nous tenir à l'écart des bruits désagréables (par exemple, le bruit des équipes de construction sur les trottoirs de la ville) et à écouter des sons apaisants (par exemple, la sonnerie du camion de crème glacée). Malheureusement, un bruit désagréable peut avoir un effet néfaste sur les espaces de vente au détail (et autres espaces commerciaux). Environ 30 % des gens n'ouvriront pas un magasin s'il contient un bruit désagréable.

Les supermarchés utilisent souvent la musique d'ascenseur pour ralentir, durer et même acheter. Dans les restaurants, la musique up-tempo est couramment utilisée pour entrer et sortir, pour dynamiser les clients et le personnel et pour faire tourner rapidement les platines. Toutefois, si le rythme est gênant, vous pouvez carrément sauter le pas. Dans un restaurant français classique, vous pouvez créer l'ambiance et le rythme en jouant des chansonnettes avec Piaf en fond sonore. En revanche, si le volume est trop fort pour parler ou entendre avec ses pairs, un lieu italien où Frank Sinatra joue tranquillement peut l'emporter. Les magasins qui font de la musique à tue-tête peuvent nuire au plaisir de feuilleter et d'essayer, et offrent un mauvais service à eux-mêmes et à leurs clients.

CHAPITRE 3

DÉCRYPTER LE CODE

> ### CONNAÎTRE LES DÉCLENCHEURS ÉMOTIONNELS ET LES SIGNAUX SENSORIELS DE VOTRE MARQUE

La sonnerie Nokia, également connue sous le nom de Grande Valse, a été la première sonnerie à être identifiée sur un téléphone portable. Elle a été introduite par la société finlandaise au début des années 90 et provient d'une composition du compositeur espagnol Francisco Tarrega pour guitare seule datant de 1902. Aujourd'hui, elle est jouée 20 000 fois par seconde sur les téléphones portables du monde entier. Tapio Hakanen, responsable de la conception sonore chez Nokia, a déclaré aux journalistes en 2014. Les tonalités d'aujourd'hui sont moins prononcées, mais l'utilisation de guitares acoustiques douces pour les sonneries était peu fréquente au début. Cela reflétait l'aspect humain de la devise qui relie les gens de Nokia. C'était frais à l'époque. D'une certaine manière, la popularité de cette sonnerie signalait la prévoyance de la performance ultime des appareils mobiles pour rassembler les gens autour du monde et utiliser la technologie pour faire progresser l'humanité.

Une bonne entreprise est construite avec des milliers de composants, mais une bonne marque est faite avec seulement une poignée de codes robustes. Grande Valse est probablement devenu l'un des codes essentiels de la marque Nokia. Qu'est-ce que le code de la marque ? Il s'agit d'identifications ou de signes distinctifs clairs et non ambigus de la marque, qui résument ses aspects philosophiques et esthétiques. Ne confondez pas le code de la marque avec le logo de la marque. Cependant, un logo symbolique peut être l'un des nombreux types de code. Le code de la marque diffère de l'ADN de la marque, qui est généralement basé sur des facteurs tels que l'histoire de la marque, sa valeur et son objectif social (ou sa mission), car l'ADN est de nature conceptuelle et non sensorielle. Le plus important est peut-être que, si le code se distingue des produits commercialisables de la marque, il relie consciemment et inconsciemment les consommateurs aux idées, aux souvenirs et aux émotions que ces produits créent, et il les incite également à acheter.

Dans l'espace, le code peut être vu, senti, entendu et même expérimenté. En fait, ils sont presque partout dans les produits, les produits et les produits. Par exemple, un slogan fort peut créer une connexion chargée d'émotion qui stimule le désir de produits connexes. Par exemple, Folger est la meilleure partie du réveil, Coca-Cola aime enseigner la chanson au monde entier, et Miaou, Miaou, Miaou, Miaou, Miaou dans Meow Mix évoquent l'heure du matin et le sentiment agréable d'un nouveau départ. L'unité et la communauté. Et la douceur et le charme de l'animal que vous aimez. Les accords que l'on trouve dans des sons comme les chansons de Nokia, Ho-ho-ho de Jolly Green Giant ou les sons de lion de MGM créent également de fortes associations.

On peut trouver des codes visuels robustes dans certaines utilisations et propriétés des couleurs, comme le rouge cramoisi de Harvard, le violet royal de Cadbury et le jaune d'œuf de Veuve Clicquot. Mme Lauder a choisi une teinte bleu verdâtre clair pour le verre de soin afin qu'il se fonde bien dans le décor de la salle de bains de la cliente et qu'il présente fièrement la crème sur le comptoir. Mais cela lui a également permis d'observer l'élégance qui rendait ses lunettes facilement reconnaissables de loin et lui a rappelé l'utilisation de la fabuleuse chinoiserie européenne. Aujourd'hui, la marque utilise une gamme plus large de nuances, allant du brun cuivré au blanc brillant, mais le bleu original demeure pour certaines des crèmes et lotions les plus connues.

Le code se retrouve également dans la conception des pièces et des bâtiments. B. Pomme rétroéclairée. Elle se distingue et est intégrée au mur de l'Apple Store. En outre, l'Apple Store est facilement reconnaissable à ses pièces spacieuses, ses façades vitrées du sol au plafond et ses portes de hangar avant. Ces facteurs permettent non seulement de distinguer Apple des magasins voisins, mais aussi d'estomper la distinction entre l'intérieur et l'extérieur, et d'attirer l'attention des gens sur l'exposition des produits, qui est la star de la scène Apple. Il est intéressant de noter que les autres détaillants ont tendance à échouer lorsqu'ils tentent de copier l'approche de conception d'Apple. Parce qu'ils estiment que leur activité d'imitation est fausse et peu inspirée.

Ce code a servi l'entreprise tant que les consommateurs américains ont voulu de la cohérence et de la prévisibilité et ont voulu voir du pays en parcourant de longues distances à l'intérieur de l'entreprise. Johnson, après une longue journée de conduite et de découverte de nouveaux endroits, s'est rendu compte que le confort imaginaire (sans nettoyage) de la maison était chaleureusement accepté. C'est pourquoi les nouveaux restaurants ont été conçus sur le modèle des églises de Nouvelle-Angleterre ou de l'hôtel de ville, avec des toits à pignon ou en aile et des dômes. L'hôtel de ville de Nouvelle-Angleterre lui-même était un code emprunté par Johnson pour montrer l'accueil, la sécurité et l'hospitalité traditionnelle. Selon Langdon, les bardeaux des toits en porcelaine et en métal sont peints en orange pour attirer l'attention des automobilistes éloignés. Mais lorsque les désirs des Américains ont changé, HoJo n'était pas différent d'eux, et l'entreprise a perdu son avance. Andrew King, professeur à la Tuck School of Business de l'université de Dartmouth, et Brazier Bataltok Tof, étudiant en doctorat à l'université de Colombie-Britannique à Vancouver, ont fini par forcer le nettoyage avec des principes économiques de base.

Les consommateurs achètent généralement des produits et des services en fonction de ce qu'ils pensent de ces offres. Si une proposition ne peut pas suivre l'évolution des désirs des consommateurs, les entreprises échoueront. HoJo's est un exemple classique. Il est difficile pour une entreprise de créer des émotions par la seule conception d'un produit. Les codes de la marque apportent beaucoup plus de sens et de résonance émotionnelle que les produits individuels. Ils constituent l'un des atouts les plus précieux de la marque, car ils créent un lien passionnel fort et durable entre les personnes et les produits. En substance, ils sont à l'origine de la désirabilité d'un produit, ou de ce que les économistes appellent la demande.

COMMENT LES CODES ÉVOLUENT

Le code évolue et se développe de manière organique, lente et involontaire. Généralement, il émane du fondateur de l'entreprise, de ses principes de base et de ses préférences personnelles. Le code de la marque n'est pas créé en tant que tel. Ils sont le sous-produit d'un processus créatif plus large. S'il est bien conçu et intégré de manière cohérente dans l'effort de développement de la marque, il deviendra l'élément le plus reconnaissable de la marque. Il continuera à montrer des histoires significatives et mémorables sur l'histoire de la marque, son expérience et le produit Vous. En substance, le code exploite nos désirs et crée une bulle de mythe rêvée.

Au fil du temps, le mythe que le code suggère sera intégré à la marque. Les systèmes sont des récits abrégés qui sont bien plus convaincants sur le plan émotionnel que le produit lui-même. Par exemple, l'un des codes les plus marquants de la marque de luxe française Herm est le logo du carrosse Duc peint par un cheval. L'entreprise a été fondée par Thierry Hermès à Paris dans les années 1800 en tant qu'atelier de harnachement au service des aristocrates européens. Hermès a créé les meilleurs harnais et rênes forgés pour l'industrie du transport. Ma était donc vraiment un client de la marque. Deux siècles plus tard, le code représente toujours l'engagement d'Hermès envers l'artisanat européen traditionnel et le luxe rare mais modeste.

En général, plus l'héritage est riche et plus les archives sont profondes, plus le code est puissant et persistant. Lorsque vous observez une marque mature, posez-vous la question suivante : Quelles étaient les convictions fondamentales des fondateurs dans leurs propositions commerciales ? Comment ces principes sont-ils liés au contexte dans lequel l'entreprise est déployée (c.-à-d. temps/emplacement/autres variables), et comment le code reste-t-il pertinent à travers les changements de temps, de culture et d'environnement ?

Cependant, les jeunes entreprises et les start-ups disposent également d'un patrimoine. Pour les nouvelles entreprises, le contexte se trouve souvent dans la culture. Par exemple, Amazon.com a l'accessibilité, la valeur, la valeur de l'entreprise et la commodité.

PRÉCIS ET SPÉCIFIQUE

On ne voit jamais de code robuste dans la description générale, mais on peut le trouver dans une explication exacte et concrète. Par exemple, UPS est marqué de la marque Pullman Brown, et non marron. Les post-it 3M ne sont pas jaunes. Il s'agit de jaune canari. Hermès a une nuance distinctive d'orange brûlé. Louis Vuitton possède une nuance particulière de brun : vieux bourgogne et terre. La couleur de Tiffany n'est pas simplement du bleu. Ce n'est ni un bleu marine, ni un bleu ciel, ni un bleu vert. Bleu œuf de mer. N° 1837 sur le tableau du Pantone Matching System. Tiffany a commencé à utiliser la nuance distinctive du bleu robinier sur la couverture du Blue Book en 1845, moins de dix ans après sa fondation. Cela représente presque deux siècles d'image de marque.

Il en va de même pour les codes des logos. Starbucks n'utilise pas de vieilles sirènes ordinaires à une queue. Il utilise une sirène verte illustrée avec deux queues, inspirée d'une ancienne gravure sur bois nordique. (Le nom Starbucks vient du personnage du célèbre roman "Movie Dick" de Harman Melville. Starbucks était le premier compagnon du navire du capitaine Achab, le Pecod. Pour Starbucks Global Creative Studios, le symbole le plus marquant de notre marque est la relation entre Starbucks et le café : Premièrement, l'entreprise a été fondée à Seattle, près de Puget Sound, et a des liens étroits avec l'eau, et deuxièmement, les grains de café proviennent d'Éthiopie. Ils voyagent sur de longues distances depuis des lieux exotiques et éloignés, comme le Kenya et la Colombie, et arrivent dans de grands porte-conteneurs. Selon les mythes, les sirènes sont également nés à partir de lieux exotiques, Voyage de l'océan ouvert, Troisièmement, le dieu grec In, Starbucks de la même manière que de tenter les amoureux L profonde, que la sirène a été attiré marins. La représentation concrète de la sirène est quelque chose à retenir quand on pense à Starbucks.

APPROPRIÉ

La spécialité significative et robuste du code est la raison pour laquelle de nombreuses entreprises et institutions se protègent contre les infractions, enregistrent légalement leurs marques et persécutent avec empressement ceux qui tentent de les voler pour leur propre bénéfice. Cela nous amène à la fonction suivante d'un code robuste : la propriété.

Malgré les limites de la propriété intellectuelle, le code robuste ne peut pas seulement être reproduit par d'autres. Et même s'il est reproduit, il reste étroitement lié au propriétaire de la marque originale. Imaginez une oreille de souris graphique utilisée par Walt Disney, un château inspiré de Neuschwanstein ou une tasse à café Anthora pour deux personnes utilisée par un diner grec. Une police de caractères qui ressemble à des lettres grecques et dont le schéma de couleurs bleu et blanc est inspiré du drapeau grec. Pensez à un anneau sur le couvercle d'un four hollandais de Le Creuset. Dans tous ces cas, les règles de la maison sont profondes, par exemple, B. avec une souris, un cadenas, une tasse à café en papier ou un pot en fonte émaillée et des chaises en cuir tissé typiques de Bottega Veneta ou des chaises en plastique moulé de Charles et Ray Eames et à jamais associé à la marque qui l'a placé à l'origine sur la carte.

Le code est très étroitement lié à la marque. Ainsi, lorsqu'il est sorti de son contexte ou utilisé par d'autres marques, le lien avec la marque d'origine est sécurisé et est strictement protégé par le propriétaire initial. Les oreilles de souris Disney sont plus que Mickey. Elles véhiculent des sensations ludiques et bizarres, des rêves d'enfant, de l'innocence et du charme. En 2014, la société a intenté un procès à un célèbre DJ portant un casque à oreilles de souris lors de spectacles en direct dans le monde entier. Selon Disney, le DJ Joel Zimmerman, connu sous le nom de Deadmau5, utilise un logo qui ressemble aux oreilles d'une souris Disney, mais l'utilisation de l'icône Zimmerman est précisément à l'opposé de l'histoire que Disney veut raconter. L'affaire a été réglée en 2015, et les DJ utilisent de grandes oreilles de souris dans le cadre de leur marque.

ÉPROUVÉ PAR LE TEMPS

Le code robuste a évolué et, comme mentionné, n'est généralement pas considéré comme du code. Le système le plus robuste évolue dans le temps et change rarement. S'ils changent, les changements sont conservateurs et incrémentaux. La veste classique en tweed de Chanel n'a pas commencé comme un code de marque, mais elle s'est indubitablement développée en un code de marque et continue d'être un identifiant fiable pour la marque. Le tissu lui-même a été commandé par Coco Chanel en 1924 et a été inspiré par l'équipement sportif que portait le duc de Westminster, alors très beau. Chanel a été responsable de la fabrication du premier Tweed dans une usine écossaise et a produit une variété de vêtements de sport, y compris des costumes et des manteaux. Toutefois, ce n'est qu'en 1954 que le tweed est devenu vraiment unique, lorsqu'elle l'a utilisé pour la veste Chanel d'aujourd'hui.

La mode affirme que rien n'est plus emblématique que cette veste classique, avec son tissage, ses vraies boutonnières et une petite chaîne en métal cousue à l'intérieur du bas pour qu'elle s'adapte bien au corps. Bien que le design de la veste ait évolué avec son temps en termes de couleurs fraîches et de légères modifications des coupes, la silhouette de base reste suffisamment proche de la forme originale de 1954 pour être facilement reconnaissable. C'était un exemple impressionnant de modernité chic et de simplicité à l'époque, et c'est toujours le cas aujourd'hui. Même dans les années 1980 surannées, il était un élément de base des armoires des fashionistas. Vous pouvez toujours trouver des vestes classiques Chanel en tweed sur le site de commerce électronique de Chanel. Les costumes continuent d'être surévalués sur le marché secondaire. Le design et la construction de base du manteau n'ont pas beaucoup changé depuis sa conception. La veste envoie un message fort. La personne qui la porte est riche, appropriée, a beaucoup de goût et comprend la qualité. Il y a beaucoup de choses à dire sur une veste. La puissance du câble, ainsi que le style, expliquent en partie pourquoi cette veste a été détrônée par d'innombrables autres marques et fabricants.

Un code éprouvé est plus qu'une simple mode. Les anciennes entreprises alimentaires utilisent la force de leurs normes. Il est mentionné plus haut Jolly Green Giant Hohoho. Les chants et les jingles ont longtemps été associés aux pois et légumes surgelés. Le Ho-ho-ho géant n'a pas changé depuis son introduction en 1925, mais les géants eux-mêmes ont été subtilement modernisés depuis lors. Il est devenu plus grand, plus beau, et plus respectueux de l'environnement. Malgré ces améliorations, il a été immédiatement reconnu comme la mascotte de l'entreprise et continue de défier cette catégorie en tant que code de légumes grand et lumineux. Même s'ils finissent par acheter une autre marque, les flashs du Jolly Green Giant sont à jamais gravés dans l'esprit de nombreux acheteurs dans le rayon des surgelés.

PERTINENT

Un code robuste est lié à d'autres aspects de la marque. Ils n'ont pas été développés de manière indépendante, mais donnent une impression d'authenticité et de fiabilité. Par exemple, le bleu Tiffany, une combinaison de bleu et de vert, donne une impression de fraîcheur et d'apaisement. De plus, il est intemporel et jamais déplacé. La couleur est associée au calme, à la paix, à la prospérité et à la féminité. Tout cela est en parfaite adéquation avec les principaux produits commercialisés par la société, notamment les bijoux et les articles ménagers au design exquis, tels que les diamants, les métaux précieux, les cristaux et les céramiques.

Tiffany a un lourd héritage à construire, mais elle reste moderne et pertinente. Le code de la marque ne doit pas être traité comme une pièce de musée. Il doit même être utile et applicable. Les spécialistes du marketing doivent prendre le temps de comprendre quels aspects du patrimoine de la marque sont en fait toujours très pertinents et quels personnages sont simplement intéressants d'un point de vue historique. Comme nous l'avons mentionné précédemment, la marque Louis Vuitton, par exemple, a mûri pendant l'essor de l'ère des bateaux à vapeur, la première vague importante de voyages internationaux. Vuitton, un fabricant français de bagages, a introduit au milieu du 19e siècle une malle à fond plat (empilable), en toile (relativement légère) et étanche à l'air (protégée des inondations).

Les toiles Louis Vuitton étaient pratiques et légères, et la plupart d'entre elles étaient parfaites pour les voyages modernes en bateau à vapeur. LV a toujours été un luxe et a longtemps été préféré par les riches. Il est toujours d'actualité pour les voyageurs de luxe aujourd'hui. Cependant, comme les voyages autour du monde deviennent plus désirables, plus excitants et plus accessibles à un plus grand nombre de personnes, Louis Vuitton a réussi à élargir sa base et est une marque ambitieuse pour plus d'un jet setter riche en sangliers. et Voyagez des pop-ups aventureux pour envoyer des messages puissants, modernes et cohérents qui incitent au voyage. [Louis Vuitton est la marque de 1854 à aujourd'hui.

QUAND LES BONS CODES TOURNENT MAL

La marque Betty Crocker aurait souffert si elle avait continué à s'appuyer sur les clichés de femmes blanches américaines d'âge moyen hautement domestiquées. C'est le mauvais code du 21ème siècle. L'un des plus grands désastres en matière de codage global se trouve dans les magasins physiques. Les grands magasins, de Macy's à Dillard, en particulier, s'en tiennent depuis des décennies à la même approche traditionnelle et peu inspirée du design des magasins. Bien sûr, ces magasins semblent datés, homogènes et ennuyeux. Principalement, l'absence d'un code associé efface les liens émotionnels que les consommateurs ressentaient autrefois. C'est une autre raison pour laquelle de nombreux détaillants traditionnels ont besoin d'air, et Claire, Bonton, les autorités sportives, 4, les jouets, etc. ont déposé le bilan.

Les détaillants ne sont pas sans importance. C'est vrai. Des marques plus anciennes comme Louis Vuitton et Gucci ont trouvé le moyen de rester pertinentes. ABC Carpet & Home, l'un des magasins préférés de New York, crée une ambiance de théâtre pour les maisons et les décorations dans une atmosphère dramatique. L'intérieur du magasin phare ressemble à une charmante rue commerçante où l'on peut rechercher des événements. Le magasin parisien Le Bon Marché (l'un des magasins préférés) conserve le design iconique de son escalator et l'impressionnante vitrine culinaire La GrandeÉpiceriede Paris, mais son ancien code Les espaces lumineux et architecturaux inspirants trouvent sans cesse de nouvelles façons de se transformer en moments de shopping uniques et créatifs. On dit que Le Bon Marché est le premier grand magasin au monde à avoir été ouvert à Paris en 1852 par l'entrepreneur et détaillant français Aristide Bousseau et sa femme, Marguerite. Ils souhaitaient ouvrir un nouveau type de commerce qui stimule tous les sens. L'itération massive de l'entreprise parisienne a été conçue par l'architecte Louis-Charles Boileau et l'ingénieur Gustave Eiffel (oui, son Eiffel). Boucicaut est également innovant selon les normes actuelles, il parle aux clients et développe de nombreuses expériences sensorielles qui ont fait le succès de l'entreprise. Des prix différents et des animations pour les enfants. Des ventes saisonnières, notamment un catalogue de vente par correspondance (en fait le premier au monde) et des ventes de literie blanche qui ont lieu après Noël, lorsque le trafic a diminué. Le magasin continue de surprendre les habitants et les touristes avec des expositions magiques, des départements bien choisis, une architecture et un mobilier magnifiques.

Il existe des moyens pour les détaillants de réussir. Les gens sentent, touchent et ressentent toujours le besoin de renifler, et les détaillants offrent un endroit où ils peuvent le faire. La vente au détail est un lieu où les produits et les experts (vendeurs) peuvent éveiller les sens des clients en leur offrant quelque chose d'unique, de surprenant et d'utile. C'est ce que le commerce de détail devrait s'efforcer de faire.

RECHERCHE DE CODES

Le code provient d'expressions et d'actions qui ont prouvé au fil du temps qu'elles étaient cohérentes, authentiques et émotionnellement tenaces. Que votre entreprise ait 100 ans ou cinq ans, pour quiconque tente de révéler le code, la première étape consiste à réaliser ce que j'appelle un audit de marque. Plongez dans les archives. Bien sûr, plus votre héritage est profond, plus vous avez de travail à faire. Pour les entreprises établies, se replonger dans les archives, comme le font souvent les maisons de couture, peut être une expérience remarquable. Il ne s'agit pas seulement de savoir comment votre produit a été historiquement fabriqué et vendu, mais aussi pourquoi il a été fabriqué et vendu, comment son expression a été influencée par l'époque, et surtout, un sens immersif de son évolution au cours de l'histoire. Qui est le fondateur ? Comment a-t-il été influencé par son époque ? Quelles autres forces ont agi ? Comment votre marque a-t-elle évolué dans un contexte et un impact changeants ? Quel a été le moment déterminant de la marque ? À partir de maintenant, vous pouvez voir le modèle apparaître. Vous pouvez voir quelles expressions de la marque continuent de résonner, quelles émotions ne résonnent pas, et comment le leadership, la culture et le marché de l'entreprise ont réagi à divers signaux au cours du processus.

Les archives peuvent contenir des échantillons ou des images de la conception du produit (de préférence présentés par ordre chronologique afin que les auditeurs puissent voir comment le modèle a évolué). Cependant, vous devez également inclure d'autres éléments visibles, tels que les logos, les devises, les publicités et les plans des magasins. L'étape suivante est ce que j'appelle la structuration. Quels sont les éléments qui se chevauchent ou qui relient les chapitres historiques des différents produits, segments et entreprises ? Comment chacun de ces éléments visibles se positionne-t-il par rapport aux quatre critères des codes forts (testé dans le temps, précis et spécifique, propriétaire et pertinent) ? Comment les différents codes fonctionnent-ils ensemble ? Certains peuvent renforcer les valeurs et les idées essentielles. D'autres peuvent les miner.

TESTER LA FORCE DES CODES D'UNE MARQUE

Une fois que vous avez réalisé un audit de marque et identifié des modèles clairs, des icônes et un code possible, comment pouvez-vous tester la force du code potentiel ? L'un des moyens consiste à masquer le nom de votre marque, votre logo ou toute référence à un produit particulier, montrant ainsi à des personnes non affiliées ou impartiales les campagnes de publicité et de marketing de votre marque. Sur la base des éléments affichés (par exemple, la palette de couleurs, le choix des matériaux, la police de caractères, la voix/le son, et même l'emplacement), vérifiez s'ils peuvent identifier votre entreprise. Il s'agit de l'ultime test décisif pour les marques puissantes construites sur un code clair, cohérent et propriétaire.

Même si votre entreprise dispose d'un code solide et identifiable et d'une position forte sur le marché, n'oubliez pas que le marché est dynamique et que les clients prennent toujours de nouvelles décisions. Pour que l'entreprise soit durable, se développe et reste pertinente, il faut à la fois conserver les fidèles et attirer de nouveaux clients au fil du temps. La recherche d'un équilibre entre le maintien de la satisfaction des clients pendant de nombreuses années et l'attraction de nouveaux clients qui peuvent avoir des attentes différentes de celles des clients existants est un problème pour toutes les entreprises. Dans le prochain chapitre, nous examinerons ce problème et d'autres défis quotidiens, ainsi que les solutions esthétiques pour les résoudre.

CHAPITRE 4

CONÇU POUR DURER

➤ APPROCHES ESTHÉTIQUES POUR LES QUESTIONS D'INTÉRÊT GÉNÉRAL

Bien qu'aucune entreprise ne soit confrontée au même problème, les obstacles à la croissance et à la viabilité tendent à être des modèles reconnaissables. Et beaucoup d'entre eux sont mieux traités par ce que nous appelons une solution esthétique. Seules 60 des 1955 entreprises du Fortune 500 sont restées sur la liste en 2018. Pourquoi peu d'entreprises parviennent-elles à rester prospères ? En bref, la majorité des entreprises jouent à des jeux qu'elles ne peuvent pas gagner. Comme Yahoo !, la cible ne peut pas battre Wal-Mart aux jeux de Wal-Mart. Les jeux de Google ne peuvent pas vaincre Google. Cependant, à l'inverse de Yahoo !, la cible maintient un état relativement stable en jouant ses propres jeux.

Si l'on considère les défis commerciaux classiques, les solutions ne se trouvent généralement pas dans les études de cas des écoles de commerce ou dans les livres de commerce à succès. Ils font preuve d'une empathie profonde pour ce que leurs clients ressentent et ce qui leur plaît, et non pour ce qu'ils achètent ou l'endroit où ils font leurs achats. Leur vision est de pouvoir accroître la joie en tant que personne, et non en tant qu'acheteur. La compréhension. Selon Clayton Christensen, professeur à la Harvard Business School et l'un des meilleurs experts mondiaux en matière d'innovation et de croissance, lorsque nous achetons quelque chose, nous voulons l'engager et travailler. En aidant (s'il trouve quelque chose), nous avons l'air sexy pour un rendez-vous ou mettons quelque chose de savoureux et de sain dans la boîte à lunch de nos enfants).

Si le produit fonctionne, engagez-vous à nouveau (c'est-à-dire, achetez à nouveau). S'il échoue, lancez-le. Nous achetons des choses parce que, aussi médiocres et grandioses soient-elles, elles veulent contribuer à la réussite de nos efforts. En d'autres termes, les gens achètent des choses, pas des machines. Les gens sont émotifs et prennent des décisions principalement en fonction de ce qu'ils ressentent après l'achat. Plus ils se sentent bien, plus ils sont agressifs et fidèles aux produits et aux marques. Selon Christensen, les entreprises peuvent passer à côté de cela (et échouer) et prendre des décisions en matière de produits et de marketing en se basant sur les attributs de l'acheteur (statut, âge, emploi, sexe) et sur la mauvaise corrélation avec sa décision d'achat.

Quelle que soit l'activité que vous exercez, je vous conseille, comme tous les hommes d'affaires, d'intégrer autant que possible vos valeurs, votre caractère, votre style et même vos habitudes dans les équations. Pourquoi acheter ? Quel genre de sentiment voulez-vous évoquer avec votre achat ? Pourquoi et comment préférez-vous des produits et des marques spécifiques pour obtenir ce sentiment ? Qu'est-ce qui ne va pas dans ce qui vous fait échouer ? Votre opinion personnelle est importante pour votre entreprise. Après tout, vous êtes aussi un consommateur, et vous êtes votre propre expert. Le fait d'être vous-même et d'intégrer tout votre être dans le processus est votre plus grand facteur de différenciation, et c'est au niveau humain que vos clients sont les plus réceptifs. Formez et renforcez la voix et la valeur de votre entreprise, y compris vos croyances et préférences personnelles.

En vous mettant à table, vous approfondirez votre empathie avec vos clients. La compréhension est un aspect important de l'amélioration continue de l'esthétique et des affaires. Un exemple clair du manque d'empathie se trouve dans le lancement et la disparition rapide des Google Glass. Les Google Glass n'ont pas échoué ou n'ont pas été renvoyées par les consommateurs en raison d'un investissement insuffisant dans la R & D technique, le marketing ou la communication. Il a échoué à cause de la façon dont son design de base fait se sentir celui qui le porte (désagréable et déplaisant). Je ne voulais pas voir des gens porter des lunettes. Google n'a pas fait le travail.

LE PIÈGE DE LA BANALISATION

Si la vente d'un produit vous semble généralement compliquée, essayez de vendre ce produit. Votre seul avantage sera peut-être votre prix relativement bas, et cet avantage diminuera nécessairement avec le temps. Cependant, certaines entreprises ont rendu unique le défi apparemment insoluble de la vente de produits simples, non différenciés et remplaçables, en concevant des expériences humaines entièrement nouvelles et passionnantes basées sur les résultats. Nous avons réussi à le transformer en une proposition de valeur différenciée et durable. Nous appelons cette stratégie la solution Starbucks pour passer des produits à faible valeur ajoutée aux produits à forte valeur ajoutée. Qu'elles vendent du café, du soja ou du ciment, ces entreprises de marchandises créent une expérience unique et passionnante, et grâce à des stratégies esthétiques qui tissent une histoire riche sur le produit, elles développent l'enthousiasme, le désir et la fidélité. Vous avez la possibilité de transformer l'ensemble de votre entreprise.

Contrairement aux cafés traditionnels, Starbucks a conçu des intérieurs privilégiant le confort à l'efficacité, a construit des varistors de serveurs et nous a rappelé le savoir-faire et l'artisanat européens. La question n'est pas de savoir si Starbucks est différencié et pertinent aujourd'hui. Il affirme que son entreprise n'a pas évolué, mais que l'on peut tirer des enseignements de ses premières percées et de ses années de succès. Dans les années 1990 et au début des années 2000, Starbucks était reconnu comme un produit hautement différencié et innovant. (Il en va de même pour McDonald's dans les années 1960 et 1970).

LE RUT DU DAUPHIN

Lorsque l'entreprise arrive en deuxième position, elle est en concurrence avec d'excellents joueurs disposant de ressources et de compétences bien plus importantes. Ces entreprises ont rejoint ou ont rejoint des entreprises qui ont des pratiques et des traditions établies, des techniques de vente et de marketing, et une réputation d'entreprises connues. L'obstacle consiste à intégrer la finalité appréciative dans votre entreprise d'une manière qui améliore et différencie votre marque des leaders du secteur et attire des groupes de clients entièrement nouveaux. Par exemple, Southwest Airlines s'est emparée de votre sac tout en étant intelligente avec son propre thème de design (juste une machine sans cœur), l'inclusion de couleurs chaudes (Canyon Blue et Sunflower Yellow), et les slogans précédents, c'est parti. Un exemple typique de la vente au détail est, bien sûr, l'opposition entre Target et Wal-Mart. Target ne pouvait pas rivaliser avec Wal-Mart, notamment en termes de prix bas quotidiens, mais sa stratégie "cheap and chic" lui a permis d'acquérir une position forte sur le marché. Partenariats avec des designers ; publicités intelligentes et accrocheuses. Fournir une communauté.

L'étincelle d'excellence Clinique est un symbole supplémentaire d'une entreprise qui a construit sa propre position forte, en évitant la concurrence avec les leaders du marché. Clinique a été lancé en 1968 par la société Est Lauder et a été conçu par opposition à Est Lauder, l'une des marques sœurs les plus établies et les plus populaires dans les grands magasins américains de l'époque. Bien que les deux marques appartiennent à la même société mère, elles sont très compétitives et vendent des produits similaires au même acheteur dans le même magasin. Mais en termes d'esthétique, elles ne pouvaient plus être différentes. Estrada se concentrait sur l'élégance de l'ancien monde et montrait des modèles d'une beauté classique dans des environnements glamour. Clinique, qui mettait l'accent sur les avantages techniques, n'avait jamais utilisé le modèle dans la publicité. Son produit lui-même était une star. En tant que tel, il était soigneusement mis en valeur par le légendaire photographe Irving Pen, photographié artistiquement, et apparaissait dans une campagne élégante et accrocheuse. Vous avez même pris la ligne au sérieux, même avec un nom suggérant un hôpital français.

Le concept de Clinique est né de Carol Phillips, rédactrice en chef de Vogue Beauty, qui croit en une approche plus scientifique à trois niveaux pour les soins de la peau. Alors que le conseiller en beauté de Lauder était censé créer de l'élégance et du style, le conseiller de Clinique porte une blouse de laboratoire et adopte une approche curative de la formation des clients. Clinique a également construit des appareils ressemblant à des bouliers pour les comptoirs. Les clientes pouvaient y diagnostiquer leur type de peau : grasse, sèche, délicate, ou fédératrice. Enfin, alors que l'étincelle Lauder était construite sur ses puissantes redolences, toutes les actions Clinique étaient échangées comme testées contre les allergies et sans parfum.

LE POIDS DE L'HISTOIRE

En général, un héritage profond est un atout précieux pour les entreprises, mais certaines d'entre elles sont plongées dans le passé et perdent toute pertinence pour le présent. Le défi pour ces entreprises est d'intégrer une esthétique qui ravive le glamour et l'attrait de la marque tout en utilisant les codes historiques les plus influents. Sears et Strobe Breweries Company sont des exemples de marques héritées qui ont échoué. Dans le même temps, Gucci, Harley Davidson et Hennessy ont prospéré à travers de nombreuses incarnations successives.

Le plan de redressement de Sears n'a rien à voir avec l'esthétique, la vente au détail imparfaite, la restructuration et la gestion immobilière, et se traduit par d'importantes erreurs de calcul dans la gestion de ses problèmes fondamentaux. Au début du mois d'octobre 2018, Sears s'est préparé à la faillite. Le problème du cas Sears est qu'il s'agit d'un mauvais détaillant, explique Neil Saunders, directeur général de Global Data Retail. Franchement, tout a échoué dans tous les aspects du commerce de détail, du service à la marchandise et des normes commerciales de base.

La direction de Sears a négligé l'élément humain des affaires en fermant des magasins et en mettant aux enchères des biens immobiliers afin de réduire les coûts, d'augmenter la trésorerie et de réaliser des bénéfices. Si le problème de Sears était simplement une inflation excessive, la stratégie aurait pu avoir du sens. Mais avoir trop de magasins n'est pas la raison pour laquelle Sears en a souffert. Les ventes de la filiale au quatrième trimestre 2017 ont diminué, passant de 6,1 milliards de dollars au quatrième trimestre 2016 à 4,4 milliards de dollars. L'entreprise elle-même estime que la moitié de ces pertes est due à la diminution de l'espace. La perte restante résulte d'une baisse de 18% des ventes dans la même activité. 11 Sears continue à vendre ses stocks et cherche des acheteurs de différentes marques qui pourraient laisser tomber IV gouttes un peu plus longtemps, ce qui relancera le magasin.

La vérité est que Sears est devenu indépendant des consommateurs. Pour souligner ce point, une enquête menée en 2016 auprès d'acheteurs de vêtements pour femmes a révélé qu'ils préféraient faire leurs achats dans le magasin Good Will plutôt que chez Sears. Et les gens choisissent de faire leurs achats chez Amazon parce qu'il est lié à leurs besoins de commodité, d'accessibilité, de facilité d'utilisation et de transparence. Amazon est la seule version de l'épais catalogue Sears du 21e siècle que les familles recevaient auparavant par la poste et qui n'est disponible que 24 heures sur 24. Comme l'Amazon d'aujourd'hui, les catalogues Sears couvrent tout, des tissus de jardin aux maisons préfabriquées, en passant par des célébrités comme Lauren Bacall, Susan Hayward, Jean Autry et la légende du baseball Ted Williams. Produits. Bien que la gamme de produits de Sears ait considérablement diminué depuis son apogée, Amazon atteint toujours les limites de ce qui peut être vendu. Le système de stockage et la coopération entre les humains et la technologie des robots permettent de stocker et d'envoyer une grande variété d'articles. Le partenariat avec le fabricant fait qu'il n'y a plus beaucoup d'autres articles à proposer à la vente. Dans le cas de Sears, l'entreprise n'a pas réussi à remplacer l'intelligence esthétique par l'ingénierie financière.

PAS DE PLACE POUR VAGABONDER

Quelle est la démarche artistique pour construire une nouvelle base de clients captifs et fidèles malgré la pression concurrentielle et le bruit du marché ? Le défi pour la plupart des startups, en particulier dans le secteur des petits biens de consommation, est d'être compétitif dans des industries de plus en plus encombrées, compétitives et matures. Cependant, plusieurs nouvelles entreprises, comme le fabricant de lunettes Warby Parker et la marque de vêtements Eberlane, ont réussi à résoudre ce chaos.

Au moment où nous écrivons ces lignes, Warby Parker est évalué à environ 1 milliard de dollars. Elle est aujourd'hui très en vue, mais quatre étudiants d'une école de commerce se demandaient pourquoi les lunettes et les petits morceaux de plastique étaient si chers. La réponse à cette question a inspiré la vente de lunettes de mode à un prix beaucoup plus bas. Luxottica, la même société qui possède le premier fabricant de verres de lunettes, possède Pearle Vision, Ray-Ban et Oakley, ainsi que des licences pour toutes les montures de lunettes de vue et les lunettes de soleil pour Chanel et Prada et de nombreuses autres marques. Des lunettes de marque. Le fondateur de Warby Parker pensait qu'en évitant les détaillants et leurs intermédiaires, il pourrait épargner aux consommateurs la surtaxe de 300 % associée à la vente en magasin.

Pour ceux qui cherchent à acheter des lunettes de marque comme Chanel, Luxottica verse des royalties à la marque et augmente les prix de détail d'une prime supplémentaire. La popularité des lunettes de marque a donné au fondateur de Warby Parker de bons conseils pour réussir dans le secteur des lunettes. Il faut prêter attention aux souhaits des clients afin d'obtenir un haut niveau d'expérience lors de l'achat de lunettes. Comment les clients achètent-ils les verres ? Avant tout, ils vérifient si elles leur vont bien. Nous sommes donc les premiers cofondateurs de marques de mode, a déclaré Neil Blumental à Forbes. Les lunettes sont à la mode et amusantes, et l'expérience d'achat est incroyable. Commandez 5 montures, et elles vous seront expédiées gratuitement. Ensuite, essayez-les, demandez à vos amis à quoi elles ressemblent, choisissez-en une et renvoyez-la avec votre recette. Quelques jours plus tard, vous recevez de nouvelles lunettes pour une fraction du prix de détail. Et si le prix répond certainement à la question gênante que se posent souvent tous ceux qui portent des lunettes (pourquoi ce morceau de plastique est-il si cher ?), il a fait entrer Warby Parker dans son propre segment. Ces marques créent intelligemment des moments d'expérience client qui diffèrent des propositions de valeur traditionnelles des acteurs dans des domaines très concurrentiels. Votre engagement va bien au-delà du design, des caractéristiques et des capacités des produits commercialisés. Il repose sur des expériences qui favorisent le sens de la communauté, la curiosité et les relations avec les acheteurs.

UN DILEMME INDUSTRIEL

Cette série de défis touche les entreprises dont les produits industriels sont fabriqués et vendus pour leur utilité. Avant tout, les personnes qui achètent de tels biens veulent qu'ils soient pratiques et durables, car l'échange de ces biens est coûteux. La plupart d'entre nous n'ont pas besoin de remplacer leur SUV chaque année. Il n'est pas nécessaire d'installer un four tous les six mois ou de peindre le salon selon un calendrier de 60 jours. Certaines entreprises comme Dyson (aspirateur), Viking (cuisinière), Yeti (glacière), Harrys (rasoir), Benjamin Moore (couleur) et Porcelanosa (carreaux de sol) sont invitées à utiliser des modèles esthétiques. Créer des marques qui sont appréciées est bien plus important que les propriétés du produit.

Parce que l'esthétique de l'utilisation est si essentielle pour Dyson, nous avons récemment annoncé que nous ne développerions plus d'aspirateurs à brancher, mais que nous concentrerions nos efforts d'innovation sur la polyvalence et la fonctionnalité des appareils sans fil et des robots. Beaucoup d'entre nous savent que le câble de l'aspirateur s'enroule autour des pieds de la table, est aspiré dans la bouche de l'aspirateur et trébuche dessus. Agaçant. Cela empêche même de nombreuses personnes que je connais de sortir l'aspirateur du placard, à moins que cela ne soit essentiel pour leur bien-être. Les aspirateurs sans fil et les aspirateurs robotisés, combinés à la puissante technologie d'aspiration de Dyson (la première fonction vendue, un aspirateur qui ne perd pas sa puissance d'aspiration), ont profité aux personnes qui font le ménage et aux propriétaires partout. L'entreprise est vraiment venue à notre secours et souhaite un nettoyage et un entretien faciles et rapides. C'est le summum de l'empathie lors de la création d'un produit. Non pas parce que c'est facile pour Dyson, mais parce que c'est facile et amusant pour les clients de nettoyer.

La beauté de Yeti est sa capacité à faire de la glacière habituelle des accessoires de camping, de chasse et de pêche un véritable souhait. Le produit est si efficace (les grizzlis affamés ne s'introduisent pas dans la glacière lorsqu'elle est fermée), et les clients vantent les mérites de l'entreprise. Vous faites du marketing pour nous. Mais Yeti ne concerne pas vraiment les glacières. Il s'agit de protéger la nature et le naturel. De la sportivité et de la nature sauvage. Cette marque a été fondée par Ryan et Roy Ciders, qui voulaient lancer une entreprise de cannes à pêche. Elle a d'abord été vendue aux pêcheurs et chasseurs sérieux, un passe-temps que leurs frères apprécient également. Les masses dites "à crochets et à boules" utilisent la fonction plus rafraîchissante presque immédiatement pour protéger leur contenu et le garder frais et croustillant pendant beaucoup plus longtemps que les concurrents des leaders de longue date du secteur, comme Coleman et Iglu.

Avec des pièces de rechange, la société aide également les consommateurs à résoudre le problème de l'envoi de nombreux acheteurs d'autres glacières au magasin pour effectuer un remplacement complet. Remplacer une glacière de 500 $ de plus parce que des pièces deviennent inutilisables ne semble pas convenir aux entreprises qui comptent beaucoup sur la confiance des consommateurs. La glacière est conçue pour que les éléments fragiles puissent être remplacés rapidement et facilement. À la maison, le chien mâchouille la [poignée en corde] et informe le client au lieu de lui envoyer une glacière de remplacement. Hé, sors le tournevis à fente, saute, et ça va tomber. Ryan en envoie une nouvelle. Mais la possibilité de conserver de la bière et du poisson frais pendant des heures vaut-elle un prix dix fois plus élevé (300 à 1 300 dollars contre 25 à 150 dollars pour les marques concurrentes) ? Non, la capacité des frères et sœurs à créer des histoires de marque authentiques est devenue plus déterminante pour le succès que la nature non destructrice du produit. L'histoire a permis à la société de devenir une entreprise de 450 millions de dollars en moins de 20 ans.

L'ÉTHIQUE DE L'ESTHÉTIQUE

En tant que parents de deux adolescents, nous sommes préoccupés par la tentation de les agresser tous les jours. L'une d'entre elles est le vapotage. Les technologies qui sont superficiellement conçues pour aider les adultes à arrêter de fumer sont des produits et des comportements qui se développent, notamment pour les adolescents et les ados, pour leur propre plaisir. Juul est l'entreprise la plus avancée dans les domaines de la conception, du marketing et de l'expérience. Même le nom (prononcé bijou) suggère quelque chose de précieux et de désirable, en particulier pour les jeunes. Cependant, le nom fait également référence aux joules, la quantité d'énergie nécessaire pour générer un watt de puissance par seconde. Des produits comme Apple et Thumb Drive sont proposés dans différentes couleurs d'accompagnement. Ensuite, connectez-la à un port USB de votre ordinateur comme une clé USB et activez-la.

L'esthétique peut échouer. Ce n'est pas parce que son utilisation au niveau de la base sensorielle n'est pas amusante ou excitante, mais parce que l'esthétique est délibérément trompeuse ou destinée à attirer les clients. C'est ce qu'on appelle l'effet "junk food". Ce produit peut être désirable et avoir bon goût, mais il ne nourrit pas le corps et ne laisse pas un arrière-goût agréable. Il existe également une forte revendication selon laquelle la malbouffe est nommée pour une raison. Pire qu'un manque de nutrition, une alimentation constante dans le temps peut affecter votre santé.

Les capitalistes comme les entrepreneurs devraient avoir une conscience. L'esthétique est puissante et peut se retourner contre vous (et contre votre entreprise) en termes de réputation si votre stratégie commerciale consiste à en tirer parti. On peut citer l'exemple de Juul, une entreprise qui appartient désormais en partie au grand fabricant de tabac Altria. En octobre 2018, la FDA a fait irruption de manière inattendue dans un bureau de San Francisco et a confisqué plus de 1 000 documents relatifs au marketing, aux stratégies de vente et à la conception de produits particulièrement attractifs pour les adolescents et autres jeunes. Cette mesure a été prise pour garantir que l'organisation respecte les réglementations fédérales relatives à la vente et au marketing des produits. Cette situation est inquiétante car l'utilisation des e-cigarettes chez les adolescents a augmenté avec le déclin du tabagisme traditionnel. En 2017, environ 12 % des étudiants et environ 3 % des collégiens utilisaient des cigarettes électroniques, mais environ 7,6 % des étudiants fumaient des cigarettes classiques. Juul est un succès, mais combien coûte-t-il ? Et voulez-vous que votre préadolescent adopte des habitudes ?

CHAPITRE 5

L'ÉCOUTE DU GOÛT

L'appréciation du style et de l'esthétique n'est pas innée. Elle doit être développée et affinée au fil du temps. Et il existe des normes de qualité et de beauté. Ce n'est pas parce que vous n'aimez pas le vin de Bordeaux que vous ne pouvez pas faire la différence entre un bon et un mauvais vin. Vous le pouvez. Plus vous apprenez ce qui est bon, plus vous pouvez l'apprécier, même si cela ne correspond pas à votre hobby personnel. La façon la plus évidente de comprendre l'évolution du goût est d'étudier comment la sensation d'un aliment ou d'une boisson particulière change avec le temps. Dans ce chapitre, nous utilisons le goût - le sens de la saveur - comme une métaphore du concept d'un goût plus large - la perception de l'excellence esthétique.

Manger est une expérience nécessaire. Tout le monde le fait. Qu'est-ce qui affecte le goût des aliments, pas seulement les ingrédients, mais aussi l'environnement, les attitudes, les souvenirs, les attentes et la compagnie (le nombre de repas délicieux qui sont devenus digestes lorsque le repas contenait des compagnons alimentaires controversés) ? Il y en a beaucoup. Le goût augmente ou diminue avec l'expérience nutritionnelle. Comprendre comment cela fonctionne est une fenêtre sur la façon dont le goût peut être développé et amélioré au sens large des mots.

Le goût des aliments et des boissons est formé entre le système nerveux sensoriel et différentes parties du cerveau et, comme la plupart des autres fonctions nerveuses, il est amélioré et aiguisé par l'attention, l'exercice et l'expérience. Historiquement, les scientifiques pensaient que le système nerveux humain était fixe, et que la neurogenèse (la croissance du tissu nerveux) était arrêtée après le stade embryonnaire. Cependant, dans la seconde moitié du XXe siècle, les chercheurs ont découvert que les neurones continuaient à se former tout au long de la vie, remodelaient le cerveau et établissaient de nouvelles connexions grâce à l'expérience, à la conception et même aux sensations. Par exemple, la plupart des enfants aiment manger de la glace, même si on ne leur apprend pas à en manger. La douceur, la richesse et l'onctuosité sont intrinsèquement amusantes.

En revanche, les enfants n'apprécient généralement pas le goût du café ou de l'alcool. Cependant, ces boissons sont très attrayantes pour de nombreux adultes. Contrairement à la crème glacée, le café et l'alcool prennent du goût. Le plaisir vient de l'exposition et de la culture. Ils fournissent la preuve évidente que le goût change, et que de nombreuses saveurs se développent et sont apprises.

Certains exercices et activités peuvent contribuer à promouvoir et à favoriser le développement du goût. Toutefois, la première étape consiste à faire preuve d'engagement et de patience. Le bon goût se développe avec le temps et est influencé par une variété de facteurs, dont seuls quelques-uns peuvent être contrôlés. Les préférences personnelles sont d'abord façonnées par le temps et le lieu, par les conditions de vie mais aussi par des circonstances individuelles telles que l'éducation et les valeurs familiales. Elles sont également constituées par la génétique. Par exemple, certaines études suggèrent que nos gènes déterminent si nous préférons ou non le goût de la coriandre.

LA SAVEUR DES ALIMENTS : UN TROPE POUR LE RAFFINEMENT DE LA VIE

Lorsque nous réfléchissons à la manière de suivre un régime, nous découvrons la variété des goûts et la façon dont nous pouvons nous y adapter. Inutile de préciser comment et pourquoi nous nous éloignons des expériences sensorielles. S'entraîner à en prendre conscience est une étape importante (et généralement délicieuse) du développement esthétique. Les exercices et principes décrits ici peuvent également être appliqués à d'autres activités sensorielles. Ces principes montrent comment fonctionnent des expériences, des expressions, des codes et des décisions artistiques spécifiques, pourquoi certaines combinaisons fonctionnent bien et d'autres pas.

Le concept de "nourriture délicieuse" est trompeur. Bien sûr, vous allez ressentir la nourriture par le goût. Cette fonction biologique est le principal moyen de reconnaître les sensations sucrées, salées, amères, acides et umami. Nous percevons également les aliments à travers notre culture, nos attentes en matière de goût, nos souvenirs du passé, ainsi que les nouvelles informations et idées sur ce que nous mangeons. Lors de la communication d'informations sur l'alimentation, le goût doit être pris en compte non seulement sur le plan scientifique, mais aussi de manière globale. Il ne suffit pas de parvenir à un consensus dans une salle pleine de dégustateurs sur le fait qu'une expérience culinaire particulière est souhaitable ou indésirable. Il est essentiel de comprendre tous les facteurs qui favorisent la prise de conscience individuelle.

EUGÉNISME ET APPRÉCIATION

En fait, c'est notre ADN qui détermine la plupart de nos goûts et qui fait que nous aimons ou n'aimons pas ce que nous ressentons. Des études montrent que 41 à 48 % de nos préférences alimentaires sont génétiques. La langue humaine compte 2 000 à 5 000 milliers de saveurs. Toutes les saveurs possèdent 50 à 100 récepteurs qui traitent cinq profils gustatifs : sucré, salé, amer, acide, umami (souvent appelé "savoureux"). L'ADN détermine le nombre de récepteurs. En Asie, en Amérique du Sud et dans certaines régions d'Afrique, 85 % de la population locale est un goûteur très sensible (surtout les composés amers), et les Européens autochtones sont moins sensibles aux différents goûts.

Les chercheurs ont également constaté que les personnes qui détestent les aliments copieux ont plus de goût que d'habitude. C'est-à-dire que le goût approche ou dépasse 5 000. Les scientifiques appellent ces personnes des "super starters". Ces personnes peuvent enregistrer des caractéristiques de façon beaucoup plus marquée que les autres et ont souvent une aversion apparente pour les aliments super-sucrés, le café fort, les sauces barbecue grasses et épicées et les bières au houblon. Si un gène est à l'origine de près de la moitié de certaines préférences gustatives par rapport à d'autres saveurs, qu'est-ce qui détermine l'autre moitié ? Et comment l'expérience, l'exposition et l'effort façonnent-ils l'autre moitié ?

AUTRES SENS, AUTRES QUALITÉS

Tous nos sens commencent à fonctionner lorsque nous mangeons. La vue, l'odorat, le toucher, le goût, le son : Sybil Kapoor, écrivain culinaire britannique et auteur de A New Way to Cook, s'intéresse à la façon dont les aliments stimulent diverses sensations. Le toucher moelleux de la peau d'une pêche, l'odeur fraîche du basilic, le choc sec. Dans son livre, il est

91

essentiel pour elle de reconnaître comment la température peut modifier le goût des aliments. Elle suggère que le café glacé n'est pas aussi amer que le café chaud, car elle réagit davantage aux goûts amers comme le café chaud. Le Mongol du fromage vous dira ceci : Il faut attendre au moins une heure après avoir sorti du réfrigérateur le morceau de cheddar ou la meule de camembert, et vous ressentirez réellement les subtiles couches de saveurs offertes par les différents fromages. Recommandé pour le sucré, le salé, les noix, le laitier, le gazon, etc.

Même la façon dont les aliments sont découpés influence leur goût. Les tranches épaisses de rosbif sont giboyeuses et mâchues, tandis que les tranches de papier coupées en grains de viande sont plus douces. De même, une fine tranche de poitrine de dinde de Thanksgiving est sèche, faite de papier et sans saveur, alors que la poitrine entière est coupée en épaisseur et en diagonale, ce qui la rend juteuse et beurrée. En croquant des morceaux de parmesan, vous pouvez vous concentrer sur la texture granuleuse plutôt que sur les noix salées.

Une bonne partie de ce que nous envisageons de discriminer est en fait à sentir. Kapoor suggère de ramasser des feuilles de laurier fraîches, de les écraser à la main et de sentir les feuilles endommagées. Des essences de plantes inimitables vous rappellent confortablement les plats d'hiver et les soupes consistantes. Toutefois, lorsque vous goûtez les feuilles, vous constatez qu'elles sont très amères et que la sensation est pire. Il en va de même pour les extraits de vanille. Elle sent le bon Dieu, mais en buvant une bouchée, elle s'avère amère et dure. Beaucoup de gens aiment l'odeur de l'ail écrasé pour les sauces et autres plats, mais le goût de l'ail cru est excitant et piquant.

CONSCIENCE ET ESSENCE

Notre ADN individuel a un rapport avec la façon dont nous percevons et apprécions le goût, mais la nature n'est pas totalement maîtrisée. La façon dont nous sommes initiés à la nourriture dans nos familles et nos communautés, ainsi que les messages que nous recevons sur les aliments qui nous entourent, font également la différence et dépassent nos préjugés naturels. Lors de la préparation des aliments, les rituels d'épluchage, de découpage, de mélange et de sauté évoquent une variété de souvenirs de la maison, de l'enfance, de la romance, du plaisir, des repas mangés et des rassemblements. Les préférences alimentaires et gustatives sont étroitement liées à l'expérience personnelle - la sensation, le goût, l'odeur et l'apparence des aliments provoquent des associations émotionnelles fortes et significatives. J'ai pu constater que la forme, la finesse, la clarté et la qualité des verres à vin influent sur le goût du vin.

LA CULTURE ET LE RAFFINEMENT

Nos goûts continuent d'évoluer, en partie grâce à l'introduction de nouveaux aliments et saveurs multiculturels. À mesure que le monde devient plus connecté et que les gens voyagent et se déplacent plus confortablement, les préférences en matière de saveurs qui étaient autrefois considérées comme locales se sont développées, et la demande de nouveaux profils de saveurs a augmenté. Selon Cristle Kuhurst, consultant international en industrie alimentaire pour une clinique de marketing basée au Royaume-Uni, de nombreux pays maintiennent une culture alimentaire très forte, mais sont également influencés par des influences extérieures.

Cela n'est surprenant pour aucun d'entre nous. Essayez de manger des plats nationaux et régionaux. Vous pouvez constater qu'il y a beaucoup de débats académiques sur l'origine de la pizza. "La pizza est-elle née à Naples alors que les Grecs et les

Égyptiens de l'Antiquité mangeaient tous autant de garnitures sans pain que nous connaissons ? Tous les plats sont disponibles avec des aliments locaux. Il s'agit d'une fusion entre le sexe, les influences extérieures et l'évolution historique, et cette évolution se poursuit aujourd'hui : les influences culturelles telles que les films, la mode et les messages de santé influent sur ce que nous mangeons. C'est en train d'évoluer, pas de se faire. Nous faisons tous partie de cette évolution", déclare M. Lukehurst.

Cette évolution explique que les adolescents italiens modernes préfèrent la bière de style américain au vin italien. Le vin a de fortes racines italiennes et disparaît rarement du menu italien. Cependant, les choix des adolescents italiens sont influencés par des influences culturelles telles que la culture pop américaine, explique M. Lukehurst. Vous . Les adolescents italiens boivent de plus en plus de bière dans des situations où leurs parents buvaient du vin ou de l'eau. Comme la demande de bière de style américain en Italie a augmenté, les compagnies de bière ont commencé à se déplacer pour la satisfaire. "Il peut être juste de dire que [les fabricants de bière] poursuivent activement le marché des adolescents, mais il répondra certainement à la demande." Mais les milléniaux et les jeunes en devenir dans de nombreux pays européens, la génération Z boit moins d'alcool, comme la bière et le vin, que l'ensemble des parents. "Ils n'ont pas acquis de préférences en matière d'alcool pendant leur adolescence et au début de la vingtaine, et ne ressentent pas les mêmes besoins que les générations précédentes", explique M. Lukehurst.

En Chine, le café, qui était autrefois une boisson presque totalement différente, représente désormais un marché concurrentiel en pleine expansion. Les entreprises nationales participent aussi activement aux grandes puissances américaines telles que Starbucks. De même, à mesure que les méthodes de production chinoises sont devenues plus sophistiquées et que les préférences des consommateurs se sont élargies, le marché chinois des chips, qui existait autrefois, a connu une croissance exponentielle au cours des deux dernières décennies. Un acteur important du marché chinois des chips est connu pour développer des chips aux saveurs inhabituelles avec une touche régionale (New England Lobster Roll, Cajun Spice, etc.). Nous faisons la même chose en Chine, en ajoutant une saveur populaire aux chips. Le durian est un fruit vert épineux de l'Asie du Sud-Est.

Aux États-Unis, les tendances alimentaires les plus cruciales pour les restaurants en 2018 comprennent les saveurs africaines et péruviennes, les herbes rares comme le probate et la mélisse, les aliments ethniques pour le petit-déjeuner comme les œufs brouillés au chorizo et les crêpes au lait de coco, le sambal, la sauce piquante indonésienne et le jag, la sauce à la coriandre du Yémen. Bien entendu, les producteurs alimentaires modifieront le profil de saveur de ces aliments et d'autres aliments ethniques pour les rendre plus délicieux ou plus accessibles sur des marchés culturellement différents. Nous sommes allés à Rome, et nous connaissons la différence entre la sauce pour pâtes que nous avons achetée en ville et la sauce pour spaghetti rouge que nous avons commandée dans une pizzeria italo-américaine. La nourriture que vous achetez dans les rues de Shanghai est très différente de celle que vous trouverez dans un buffet chinois ou un plat à emporter dans le Midwest des États-Unis. Cependant, même si ces aliments n'ont pas la fiabilité du goût, de la texture et de l'apparence, il existe suffisamment de marqueurs ou de codes qui permettent de les identifier par inclination et par un profil de saveurs reconnaissable.

RETOUR À LA NATURE

L'information et l'éducation créent également de nouveaux désirs pour des saveurs et des aliments différents. Par exemple, la demande des consommateurs pour des aliments locaux plus naturels et plus biologiques, c'est-à-dire allant de la ferme à la table, a conduit à une meilleure compréhension de l'impact des aliments industriels sur notre corps et a été commercialisée comme "naturelle." Ce que vous goûtez, voyez et sentez réellement est naturel.

La façon dont les aliments sont traités influe sur les saveurs que nous recherchons. Les aliments authentiques ou "entiers" contiennent des quantités variables de protéines, de graisses, de fibres, d'eau et de glucides (bien que les produits animaux non transformés ne contiennent pas de glucides). Lorsque l'aliment est transformé, ces ingrédients sont modifiés ou changés d'une manière ou d'une autre : concentrés, augmentés ou diminués. Les aliments préparés avec du sucre et du sel ajoutés créent une dépendance, et les fabricants de produits alimentaires le savent. Ils ont trouvé un moyen de contourner les régulateurs corporels qui nous indiquent quand nous sommes rassasiés et que nous devons arrêter de manger, et d'augmenter au contraire notre désir d'aliments principalement sucrés et salés. Cela a changé la façon dont nous interagissons et réagissons aux saveurs. Beaucoup d'entre nous (rappelez-vous, la plupart d'entre nous ne sont pas des "supertasters") ont besoin d'un goût plus proche du sucré et du salé pour satisfaire leurs désirs. Et nous ne sommes souvent pas satisfaits tant que nous n'avons pas mangé plusieurs "portions" d'un aliment donné - le résultat de la manipulation des aliments et des saveurs.

Alors que l'on parle désormais beaucoup de la quantité de sucre et de sel ajoutée aux aliments transformés, les consommateurs ont remarqué que ces ajouts manipulent les aliments dont ils ont envie - et ils disent qu'il n'aime pas ça. Mais cela fonctionne aussi : le goût sucré des aliments a augmenté tandis que d'autres saveurs, comme l'amertume, ont presque disparu. Redécouvrir des goûts comme l'amertume (Campari on rocks, salade de roquette, rapini sauté) est une autre façon d'éveiller nos sens et d'élargir la perception (et l'appréciation) des différents goûts. Toutes les façons dont nous faisons l'expérience de la nourriture et du goût, y compris les hypothèses sur ce que nous mangeons, sur le goût et sur la façon dont nous réagissons à cette expérience, sont influencées par tout ce que je viens d'évoquer et par d'autres facteurs. Votre humeur, le temps, l'endroit où vous avez eu faim et les personnes avec qui vous êtes. Plusieurs circonstances sont incluses dans la méthode de développement du goût, vous devez donc vous assurer que les facteurs les plus critiques sont reconnus.

KIND : FAIRE LE BIEN EN GRIGNOTANT

L'histoire de Daniel Lubetzky, le fondateur de l'en-cas à base de fruits et de noix "Kind", est instructive. Fils de survivants de l'Holocauste, M. Lubetzky a fondé Kind en 2004 pour offrir au monde plus de gentillesse sous la forme de collations saines. L'entreprise a proliféré. Sur les quelque 2 000 produits de la catégorie des barres nutritionnelles, six des dix produits les plus vendus sont des barres de type. En fait, Kind est devenue la marque de barres énergétiques et nutritionnelles qui connaît la plus forte croissance aux États-Unis. En 2017, Mars, la plus grande entreprise de snacks au monde, a investi dans Kind et a valorisé l'entreprise à 4 milliards de dollars.

Le succès de Kind repose en partie sur la mission originale de Lubetzky, qui était de répandre la bonté. Ce concept permet non seulement de différencier la marque de ses concurrents traditionnels, mais aussi de sensibiliser les consommateurs et de susciter un dialogue constructif avec eux. Une stratégie a consisté à distribuer des cartes en plastique aux employés de l'entreprise pour récompenser les actes de bonté. S'ils voient quelqu'un s'adonner à un acte de gentillesse, comme abandonner un siège dans le métro ou aider une personne âgée à traverser la rue, ils donnent la carte à un délinquant. Ensuite, Kind a envoyé aux bons samaritains deux barres Kind et une autre carte pour qu'ils racontent leur geste de bonté à quelqu'un d'autre. Appelée "sans but lucratif", l'entreprise promet des milliers de dollars pour des projets générés par les clients qui reviennent à la communauté. Cependant, Kind se différencie au-delà des messages et des tactiques de marketing. L'emballage est conçu pour une clarté maximale avec un emballage transparent, afin que les consommateurs puissent voir les ingrédients essentiels que sont les noix et les fruits secs et s'imaginer facilement le goût et la texture de chaque barre avant de la mâcher.

Les variétés pouvaient également tirer parti de l'évolution des habitudes alimentaires des Américains. Il ne s'agissait pas seulement de la chance de la marque. L'idée était d'utiliser l'esthétique pour accroître la sensibilité des clients. Dans les années 1990 et au début des années 2000, les barres énergétiques et nutritionnelles étaient considérées comme un achat spécialisé et étaient vendues en grande partie aux athlètes et aux personnes au régime. Actuellement, les clients les plus courants recherchent des en-cas sains et pratiques, fabriqués à partir de matériaux réels et minimaux, transparents et étiquetés sans l'utilisation de nombreux conservateurs. Environ 27 millions d'Américains ont mangé la barre santé en 2013 en créant des produits utilisant des ingrédients naturels et en créant des emballages et des messages qui mettent en valeur leur esthétique. Je ne pense pas que Kind Bar soit beaucoup plus sain que n'importe quel autre snack - il contient beaucoup de sucre. Mais ils sont en quelque sorte liés à des mots qui reflètent la santé pure et globale.

EXERCICE ESTHÉTIQUE : L'ART ET LA SCIENCE DE L'OBSERVATION

Il est possible de s'entraîner à être plus conscient de ce que l'on mange ou de ce que l'on expérimente plus largement, et de ce que l'on ressent à ce sujet et pourquoi. Plus vous serez absorbé par l'expérience, plus vous remarquerez de manière critique les facteurs clés qui rendent votre expérience alimentaire meilleure ou moins bonne. Vous mangez peut-être souvent au restaurant, mais combien de fois prêtez-vous attention à tous les détails ? Dans une classe de Harvard, un professeur a confié à des étudiants une critique de restaurant : il a choisi un restaurant et a expliqué l'expérience culinaire afin que les lecteurs qui n'avaient jamais mangé dans ce restaurant puissent faire l'expérience d'un repas dans ce restaurant. Ils les ont encouragés à concentrer leurs évaluations sur les éléments les plus précis et les plus remarquables, de la manière la plus claire possible. Leurs élèves ont ainsi appris combien ils avaient remarqué de choses pendant l'expérience gastronomique, à quel point l'endroit choisi était correct (et était faux), et comment les stimuli non gustatifs (qualité de l'éclairage, de l'aération, du son, etc.) La perception de la nourriture les a surpris.

CHAPITRE 6

INTERPRÉTER (ET RÉINTERPRÉTER) LE STYLE PERSONNEL

Dans le chapitre précédent, nous avons parlé du goût dans le contexte de la nourriture et de la saveur. Mais l'esthétique est une gratitude pour tous les sens, et l'intelligence esthétique consiste à comprendre comment et pourquoi une sensation provoque certaines émotions, des émotions délicieuses, à travers toutes les formes de stimulation. Dans ce chapitre, nous voulons en savoir plus sur les choses personnelles et parler de la façon de commencer le processus en cultivant et en exprimant son esthétique, en fonction de l'apparence et du style, individuellement, quoi et comment porter.

Après tout, le bon goût vient de l'intérieur, et ce que nous appelons les "4 C" : clarté, cohérence, créativité et confiance, montrent le bon style. Votre apparence montre-t-elle clairement qui vous êtes, ce qui vous tient à cœur et comment votre moi intérieur est lié à votre personnage extérieur ? Les autres vous associent-ils à certains marqueurs ou "codes" de style ou de mode cohérents, selon les discussions précédentes sur la marque ? La créativité se trouve dans l'unicité du code. S'agit-il de marqueurs identifiables ? Et votre système le plus robuste est-il unique, original et mémorable ? Travailler à l'obtention de ces C contribuera non seulement à renforcer votre image, mais aussi à créer un ensemble de compétences précieuses pour susciter l'intérêt des entreprises.

De nombreuses personnes considèrent la "mode" comme frivole ou généreuse. Savoir quoi porter est souvent considéré comme un "problème du premier monde" et semble négliger ceux qui ne peuvent pas se permettre d'investir beaucoup d'argent dans leur garde-robe. Les personnes les plus à la mode ne sont pas celles qui ont de l'argent. D'une certaine manière, l'extrême richesse réduit la capacité à modifier ses choix, à faire des compromis réfléchis et à maintenir une certaine discipline. Ce sont les trois éléments essentiels du bon style. Ce qui nous préoccupe à propos du style, c'est l'idée fausse selon laquelle nous sommes limités à des groupes sociaux spécifiques - par exemple, un fashionista d'une vingtaine d'années vivant dans un quartier cosmopolite. Nous nous intéressons aux personnes de tous les segments socio-économiques et de toutes les cultures, aux jeunes et aux moins jeunes, aux hommes et aux femmes qui s'intéressent à leur apparence et se présentent d'une manière unique et passionnante.

Les humains ont un besoin intrinsèque de se décorer d'une manière ou d'une autre, qu'il s'agisse de tatouages, de piercings, de bijoux ou de tissus colorés. Nous le faisons non seulement pour nous faire plaisir, mais aussi pour attirer l'attention des autres. Les décorations de toutes sortes nous différencient, expriment nos idées de la beauté à travers les humains, et symbolisent le besoin d'affirmer notre statut et ce que nous visons. Elle a une longue histoire. En 2004, des perles de coquillages ont été mises au jour sur quatre sites au Maroc. Ces sites semblent confirmer que les premiers humains portaient des bijoux symboliques il y a déjà 80 000 ans. Ces perles sont venues s'ajouter à des découvertes archéologiques similaires remontant à 110 000 ans en Algérie, au Maroc, en Israël et en Afrique du Sud, confirmant qu'il s'agit des plus anciennes formes de parures personnelles, et de parures héritées. Cela montre qu'il existe une tradition commune à travers la culture sur des milliers d'années.

L'HARMONISATION DE L'INTELLIGENCE DANS LE STYLE

La syntonisation avec une autre personne, c'est lorsque vous pouvez communiquer sans dire un mot tout en étant compris par les expressions du visage, les mimiques, les clins d'œil ou les haussements de sourcils. Lorsque nous prenons la pose dans un cours de yoga, que nous faisons du jogging dans un parc ou que nous flânons dans une librairie, lorsque nous sommes pleinement impliqués, nous nous concentrons sur ce que nous faisons à ce moment précis. Nous sommes adaptés à ces expériences. Dans le domaine de l'alimentation, l'adaptation est la capacité à identifier les différentes couches de goût dans un plat et à évaluer comment le vin que vous buvez affecte le goût de la nourriture et l'atmosphère environnante (éclairage, décoration de la table, musique, etc.). -Elle affecte l'expérience globale du repas. Dans le domaine du style personnel et de la mode, la syntonisation consiste à prêter attention à la façon dont différentes méthodes, telles que la couleur, le tissu et la coupe, vous font vous sentir.

Aujourd'hui, nous parlons souvent de "dans le moment" ou de "pleinement conscient" et nous expliquons la syntonisation. Par exemple, si vous êtes allongé sur la plage par une chaude journée d'été, vous pouvez sentir la chaleur du soleil sur votre peau et le sable rugueux sur vos pieds. Vous pouvez également sentir l'odeur du sel marin dans l'air. La plupart des gens éprouvent ces sensations avec plaisir, mais certaines des expériences associées - comme la sensation d'un maillot de bain serré et mouillé ou une morsure d'eau de mer imprudente - ne sont pas du tout confortables. Plus vous vous habituez à l'environnement physique et à ses sensations, à la manière dont elles affectent votre corps et à ce que vous ressentez à propos de leurs effets, plus vous renforcez les bases du développement de l'IA.

Comme pour une grande partie de l'IA, notre corps est un meilleur guide que notre esprit lorsqu'il s'agit de voir les effets de toutes ces sensations. Le tabac qui s'écoule des lèvres ou qui est pincé entre deux doigts était en fait une déclaration de mode. La plupart des gens n'apprécient pas leur première expérience de la cigarette. La différence entre les accros et moi, c'est qu'ils endurent et finissent par développer un tout nouvel ensemble de réponses émotionnelles aux mêmes sensations physiques. En fin de compte, ils ont envie de fumer et de devenir dépendants de la nicotine.

L'application de la syntonisation au style personnel et à la "mode" commence souvent par une connaissance approfondie de votre corps. Comment voulez-vous que vos vêtements se présentent à votre organisme ? Cela peut déterminer la forme et la silhouette de votre choix. Il peut également indiquer une couleur ou un motif particulier (ou son absence). Comment voulez-vous que vos vêtements se sentent dans votre corps ? Cela peut vous guider dans le choix des matières, des textures et des coupes. Les gens sont passés par toutes les étapes de la mode à la recherche de leur style personnel, mais elles ont toutes contribué quelque part à l'endroit où nous avons finalement atterri.

CODES VESTIMENTAIRES

Les codes vestimentaires existent dans presque toutes les situations. Les bureaux ont des codes vestimentaires (parfois institutionnalisés dans le manuel de l'employé), les fêtes décontractées et formelles ("cravate noire") ont des codes vestimentaires, et les mariages et les funérailles ont des codes vestimentaires. Souvent, ces codes sont établis en fonction de conventions culturelles ou d'une empathie contextuelle. Par exemple, on ne porte pas de robe de soirée décolletée à un enterrement ou de robe blanche à un mariage (sauf si l'on est une mariée).

Les codes de la mode fonctionnent de la même manière que les codes des marques. La plupart d'entre nous portent des costumes ou des versions modernes de costumes (vestes, chemises, pantalons ou jupes) dans les bureaux des entreprises, et le week-end, nous portons des vêtements de sport (t-shirts ou pulls, pantalons), et ce que nous pensons (couleurs amplifiées), étincelles ou scintillements, plus d'accessoires) lorsque nous assistons à un événement formel. Les différentes approches de l'habillement peuvent être divisées en deux groupes : les uniformes et les costumes. Si vous regardez un homme en
110

costume, il est manifestement en train de faire un travail administratif. Vous pouvez le considérer comme un "employé de bureau" ou un "manager". Les uniformes sont portés tous les jours et sont cohérents et prévisibles, même avec des couleurs de cravates et de chaussures différentes. Les costumes servent à améliorer les codes vestimentaires fixés par l'extérieur, mais en général, ils nuisent aux systèmes personnels et aux styles individuels.

Les tenues de week-end ont également tendance à entrer dans une catégorie uniforme. Quoi que vous fassiez pour travailler le samedi matin, vous ne serez pas à l'aise pour le porter au conseil. Mais il existe des différences dans les tenues de week-end - des codes reconnaissables de statut (nous y reviendrons) et de personnalité. Les personnes portant des polos Brooks Brothers et des kakis impliquent qu'elles sont différentes de celles portant des T de groupe rock et des jeans déchirés provenant de magasins de vêtements de seconde main. Les costumes peuvent être portés un samedi soir, mais ils peuvent changer radicalement de temps en temps, car les événements individuels sont nos "moments paon" et montrent notre personnalité, nos désirs et nos talents.

Enfreindre le code vestimentaire est une façon de transmettre certains aspects de votre talent et de votre personnalité. L'architecte Peter Marino, qui conçoit la plupart des boutiques de Chanel, Louis Vuitton et Dior dans le monde, décrit son travail quotidien comme un "architecte du cuir". Si vous le regardiez sans savoir qu'il est un architecte d'intérieur respecté, vous trouveriez, grâce à sa tenue en cuir et à ses nombreux tatouages, une scène de bar en cuir des années 1980 dans le quartier ouest de Manhattan qui serait un ancêtre de C'est précisément sa méthode préférée. En fait, il fait référence à la perspective du "leurre". Il a brisé le code du look de l'architecte : simple, discret et traditionnel. De Frank Lloyd Wright à Frank Gehry, son code vestimentaire est fondamentalement inchangé.

CULTURE, STATUT ET STYLE

Les préférences personnelles ne se développent pas dans le vide. Certaines d'entre elles (ainsi que les aversions et les dégoûts) proviennent de l'environnement dans lequel vous avez grandi, de ce que vous avez observé au cours de votre croissance et de votre développement, des défis auxquels vous êtes confronté et de ce que vous devez résoudre. viennent d'un problème qui ne doit pas être, certains aspects du style viennent de l'époque dans laquelle nous vivons, comme l'influence de la technologie et des médias, et d'autres viennent de détails géographiques. Si vous ne correspondez pas à votre style, vous pouvez rejeter l'impact culturel du temps et du lieu. Les meilleures méthodes personnelles ne suivent pas la tendance et ne s'intéressent pas à être "à la mode".

Nous savons également que les vêtements ont longtemps été utilisés pour différencier le statut et le pouvoir des différentes personnes et pour améliorer la différenciation des classes dans de nombreuses cultures à travers le monde. Avant la démocratisation de la mode au cours des dernières décennies et la transition vers un look plus homogène et décontracté, le choix des vêtements était un moyen de sauter les classes sociales. Si vous venez du niveau inférieur et que vous avez acheté un beau costume, vous pouvez prétendre être en déplacement pour une entreprise professionnelle. C'est ce que dit le tristement célèbre (et actuellement en cours de réhabilitation) fraudeur Frank Abanale Jr, peint par Leonardo DiCaprio dans le film "Catch Me If You Can" (2002).

À la fin du XIIIe siècle, la représentation de la richesse par les vêtements est devenue courante en Europe, et les lieux de la vie humaine pouvaient être facilement identifiés à partir de leurs vêtements. Les vêtements sont synonymes de milieu, de culture, de moralité, de richesse, de pouvoir. Du 19e au début du 20e siècle, les pantalons de coton, les salopettes et les T-shirts étaient réservés aux ouvriers, mais aujourd'hui, les riches sont délibérément déchirés (et très chers). On le voit souvent dans les blue-jeans et les t-shirts en coton chers et très fins. Les étrangers qui ne connaissent pas le code de la mode moderne peuvent regarder de tels vêtements sans penser à l'un des moteurs de la société. Les tatouages étaient autrefois un état des habitants de la côte et un état des gangsters à moto. Ils sont très célèbres parmi les actrices, les mères de famille et les architectes qui les ont vus. Les tatouages interdits, mais non cachés, occupent souvent le centre du tapis rouge en tant qu'"accessoire" de robes de soirée attrayantes.

Dans la Chine ancienne, le jaune signifiait le centre et la terre, et seul l'empereur était autorisé à le porter. En Afrique, gouvernée par les Haoussas, de grandes couches de turban et des vêtements faits de tissus coûteux et essentiels étaient réservés aux nobles. Au Japon, on racontait des histoires sur le statut social de celui qui le portait, en fonction de la couleur, du tissage, du style, de la taille et de la dureté du kimono.

COMMENT REGARDER LES VÊTEMENTS

Si vous prenez au sérieux le développement de votre style personnel (ou si vous voulez améliorer ou changer votre look actuel), vous devez regarder vos vêtements et les essayer. Faites-en l'expérience de manière sensuelle. La créatrice de mode Kay Unger dit : "Si vous l'apportez dans le vestiaire, vous n'avez pas besoin de l'acheter". La seule exigence pour essayer des vêtements est de porter des sous-vêtements appropriés. Les vêtements ont un aspect très différent sur des cintres et le corps humain. Il a l'air très différent, même dans un corps humain, sans les vêtements essentiels pour s'adapter aux contours. La robe structurée nécessite une base pour être suspendue et s'adapter correctement. "La plus grande suggestion est de ne pas avoir peur de sortir de la boîte", dit Unger. "Trouvez votre signature. C'est un détail clair et reconnaissable de votre style", dit-elle. "C'était une broche pour Madeleine Albright. Michelle Obama sans manches a accepté, et la ceinture était sa merveilleuse signature." La signature est un chemin accessible vers le style personnel. Même si vous devez porter un costume tous les jours au travail, les professionnels peuvent signer. "Portez un costume coloré", dit Unger. "Ou si vous avez l'impression que vous devez porter un costume noir ou bleu foncé, vous devez porter des blouses et des chemises colorées.

CHAPITRE 7

L'ART DE LA CURATION

> ➤ **RÉTABLIR L'HARMONIE ET L'ÉQUILIBRE**

La curation est l'un des mots que les gens utilisent souvent sans savoir exactement ce qu'il signifie - le terme associé au traitement ou à la restauration du nom. En curant votre entreprise, vous éliminez non seulement les éléments qui ne fonctionnent pas (et qui sont distrayants ou nuisibles), mais vous mettez également en place des éléments qui fonctionnent confortablement et avec succès. Soigner ou curer ne consiste pas seulement à réduire ou à éliminer. C'est aussi assembler ce qui reste d'une manière agréable. Dans le contexte commercial de l'esthétique, la curation rétablit l'harmonie et la beauté d'un produit, d'un service, d'une campagne ou de la conception d'un magasin. Dans ce chapitre, nous verrons comment influencer les choix de vos clients, comment l'expérience du dessin dans l'espace affecte vos résultats et, enfin, comment affiner vos compétences en matière de curation. Explorez le processus de curation Un espace personnel unique qui reflète purement vos préférences et vos valeurs, en utilisant un processus qui peut être appliqué à votre entreprise.

La marque italienne de vêtements d'extérieur Moncler a été fondée en 1952 par René Ramillon. Le nom est dérivé de l'origine des Monestiers Clermont, une ville des Alpes près de Grenoble. Les premiers produits comprenaient des sacs de couchage matelassés et des tentes. La première doudoune ou veste à capuche de l'entreprise a été lancée en 1954 et a été conçue pour protéger les ouvriers du froid. L'alpiniste français Lionel Terrey en a vu le potentiel et a contribué à développer son expertise en matière d'exploration. La même année, la veste est utilisée lorsque l'équipe italienne escalade le K2. En 1968, Moncler est utilisé par l'équipe française de ski aux Jeux olympiques d'hiver de Grenoble. Efficace contre les éléments, l'apparence du premier sweat à capuche ressemblait à un sac informe. Au milieu des années 1990, la marque était en difficulté financière et dépassée par d'autres lignes extérieures de premier plan, telles que la ligne haut de gamme Prada et la ligne sportive plus abordable North Face. L'entreprise était malade et avait besoin d'un traitement.

En 2003, la marque a été rachetée par le directeur de la création et entrepreneur italien Remorphini. Morphine est issu d'une longue et célèbre lignée de fabricants de textiles et d'hommes d'affaires italiens. À l'époque, le chiffre d'affaires de l'entreprise n'était que d'environ 60 millions de dollars, une somme exorbitante. Sous la direction et la curation de Rufini, la marque est passée d'une simple doudoune d'oie en boîte à ce que les Français appellent la doudoune chic, l'Italien, il-piumino di Lusso (doudoune de luxe). C'est fait. En 2008, le groupe Carlyle, une société de capital-investissement, a acquis 48 % de la société et en est devenu le principal actionnaire. En tant que directeur général de Carlyle, il a rejoint le conseil d'administration de l'entreprise cette année-là (et y est resté jusqu'en 2010). Il a pour objectif d'aider l'entreprise à entrer en Amérique du Nord et sur d'autres marchés non européens.

En 2013, la société a été cotée à la Bourse de Milan. Carlyle a vendu ses actions au fil des ans, générant l'un des meilleurs rendements de la société grâce à ses fonds européens. Aujourd'hui, Moncler emploie plus de 1 000 travailleurs et cause près de 2 milliards de dollars par an. C'est également la première marque de vêtements d'extérieur à faire preuve d'autorité en matière de mode.

Alors comment Rufini a-t-il utilisé l'esthétique pour soigner ou guérir l'entreprise ? Il a conservé une finition et des détails de

119

haute qualité. Cependant, il a modernisé le style du produit et incorporé des composants high-tech plus à la mode. Il a également élargi la gamme de produits (bottes, chapeaux, pulls, etc.) sans jamais se débarrasser de son produit phare, Parker. Des collaborations inattendues avec des designers de renom tels que Thom Browne, Junya Watanabe et Giambattista Valli ont ajouté de la vitalité et de la mode à la ligne. Des défilés de mode passionnants organisés dans des lieux inattendus (par exemple, des mannequins posant le long des échafaudages de Chelsea sea head à Manhattan, des flash mobs de mannequins à Grand Central Station, des patineurs sur glace autour de Walman Rink à Central Park)) ont apporté une couverture éditoriale extraordinaire et le positionnement de la collection comme une marque de haute qualité mais avant-gardiste. Le déploiement des magasins de détail (il y a aujourd'hui plus de 200 sites importants dans le monde) ne s'est pas fait du jour au lendemain.

Plusieurs ouvrages traitent de la question de la "surcharge de choix", c'est-à-dire du fait que les consommateurs prennent trop de temps pour faire, décider et prendre des décisions. Dans le livre The Paradox of Choice, Barry Schwartz montre qu'un trop grand nombre de choix nuit au bien-être psychologique et émotionnel. En outre, les clients sont plus susceptibles d'abandonner leurs efforts pour faire un choix, ce qui peut avoir un impact négatif sur les revenus de votre entreprise. S'ils parviennent à se décider, ils sont souvent frustrés par leur choix (et la marque).

De même, Sina Eienger, professeur à la Columbia Business School, a axé ses recherches sur les moyens d'aider les consommateurs à faire de meilleurs choix. À bien des égards, ses recommandations reflètent le processus de curation. Cela est particulièrement vrai en cas de surcharge de sélection. L'une de ses études a porté sur la manière dont les gens prennent leurs décisions en matière d'épargne-retraite, et plus précisément sur la façon dont le nombre de fonds du plan de retraite affecte le potentiel d'épargne futur. Si le plan ne comportait que deux fonds, le taux de participation était d'environ 75 %. Dans le cas d'un régime à 50 fonds, la participation tombait à environ 60 %. Selon Iyengar, plus les choix sont nombreux, plus les gens sont susceptibles de renoncer à en choisir un et de placer tout l'argent sur un compte du marché monétaire. Ce n'est pas une décision judicieuse en termes de sécurité financière future.

Comme pour la plupart des compétences, vous devez pratiquer la curation pour acquérir véritablement les compétences. Sans une réelle pratique, vous n'y arriverez probablement pas. Vous pouvez apprendre beaucoup sur la curation et les histoires esthétiques convaincantes à travers le processus de décoration intérieure ou la façon de composer un espace en fonction des préférences et des besoins personnels. Même ceux qui organisent des options de plan de retraite pour leurs employés peuvent en tirer profit. Le pouvoir de l'intelligence esthétique est le plus évident dans les produits et services de consommation, mais il peut également constituer un facteur de différenciation important pour les entreprises de services professionnels.

CURATION, OPPORTUNITÉ ET DISPARITION (ET RENAISSANCE) DU GRAND MAGASIN.

Les propriétaires de grands magasins conçoivent toujours les espaces en pensant au client. Mais récemment, l'esthétique des grands magasins traditionnels a perdu son avantage. Selon le Bureau du recensement des États-Unis, les formats de vente au détail ont diminué depuis des décennies, leur part des ventes au détail étant passée de 5,54 % en 1998 à 1,58 % en 2017, ce qui fait de la refonte de l'expérience d'achat un impératif commercial. Aujourd'hui, les consommateurs considèrent rarement la visite d'un grand magasin local comme une chasse au trésor. Ils n'ont pas envie de s'attarder et de flâner. Ils n'ont pas le luxe dans le processus de la découverte et de la surprise. Ils veulent maintenant ce qu'ils veulent et ne tolèrent pas les longues attentes et la nouvelle que leurs tailles sont en rupture de stock. L'idée est d'obtenir ce qu'ils veulent et de partir. L'ancien modèle de curation et le service client traditionnel sont moins importants. Les détaillants numériques tels qu'Amazon et Wayfair continuent de développer et de perfectionner des algorithmes qui donnent la priorité à la commodité du consommateur et aux choix d'achat prédictifs, ce qui a pour effet d'améliorer leur expérience et de mettre les départements des magasins physiques sous pression. Offrir aux clients.

Heureusement, il existe encore un moyen pour les grands magasins (et autres magasins physiques) de réussir : fournir aux clients une raison importante de se rendre dans un espace physique, offrir moins de choix mais un meilleur choix, etc. Les inciter à dépenser de l'argent ? Ils doivent également donner une perspective plus énergique de qui ils sont et de ce à quoi ils servent (et du type de clients qu'ils veulent atteindre). Présenter un point de vue unique ne satisfait pas tout le monde, mais ce n'est pas le but, mais cela résonnera avec les clients les plus fidèles. Les détaillants esthétiques doivent également fournir un service exceptionnel. Ils doivent prendre au sérieux le fait de servir les autres et investir dans le recrutement et le développement d'un personnel doté de connaissances et de savoir-faire. Tout cela découle de l'intention et de la nécessité de créer des expériences avancées profondes et immersives qui ne peuvent pas être facilement reproduites dans d'autres magasins et certainement pas en ligne. Les détaillants hors ligne doivent trouver des moyens d'être plus agiles et d'apporter fraîcheur et surprise aux acheteurs. Pour ce faire, donnez la priorité aux interventions curatoriales structurelles et à des mesures plus significatives telles que la durée, l'engagement et la mémoire, et recherchez les ventes plus anciennes et plus réussies, telles que les ventes par pied carré, les taux de conversion au détail et les ventes moyennes par commande. Nécessite une suggestion difficile de jeter les indicateurs - la relation entre l'expérience en magasin, les décisions d'achat, la satisfaction du produit et la tendance à revenir.

CRÉER DES EXPÉRIENCES

Changer fréquemment de produits et réduire les choix sont deux stratégies prometteuses pour le succès du commerce de détail. Une autre consiste à créer un environnement enchanteur qui offre divertissement et illumination. Certains magasins hors ligne favoris sont 10 Corso Como, Dover Street Market et ABC Carpet & Home. Les deux premiers ont des sites soigneusement sélectionnés dans le monde entier. Le troisième est basé à New York. Chacun d'entre eux doit son succès à une sélection rigoureuse. Ils vendent un grand nombre des mêmes catégories de produits et de marques que les grands magasins tels que Bloomingdale's et Barneys New York, mais ils les vendent d'une manière qui rend le shopping amusant, excitant, mémorable et désirable. De plus, plutôt que de créer une encyclopédie comme un magasin en ligne ou de proposer une offre aussi complète qu'un grand magasin traditionnel, la curation des offres en fonction de sensibilités spécifiques permet aux clients de choisir Plus facile à faire. Ils ne fournissent pas tout à tout le monde. Ils se concentrent sur un type de client distinct et ne proposent que les meilleures options.

Il est intéressant de noter que Bloomingdale dans les années 1980 et Barneys dans les années 1990 offraient une expérience d'achat tout aussi passionnante. Cependant, aucun de ces magasins n'avait de marchandises exclusives ou de vitrines fantaisistes il y a quelques décennies. Au départ, il n'était pas possible de maintenir la qualité de la "destination".

10 Corso Como est basé à Milan, Séoul, Pékin, Shanghai et New York. En 1990, l'ancien rédacteur de mode de Vogue Italia, Cala Sozzani, l'a qualifié d'"histoire virtuelle", en mettant l'accent sur les galeries d'art et les librairies. Établi. On a l'impression d'un magazine vivant qui respire, avec des options éditoriales identifiables ou une sélection dans les domaines de l'alimentation, de la mode, de l'art, de la musique, du style de vie et du design. Un acheteur ou un visiteur apprend, comprend et présente les objets dans leur contexte. Les clients utilisent le produit de cette manière à la maison. Nous recommandons de toucher, de tenir et d'essayer les produits. La sélection des produits proposés est également unique : internationale, souvent artisanale et faite à la main. On n'y voit pas les mêmes que ceux proposés par les autres grands magasins. Non seulement il est spécial et agréable de se promener dans le magasin, mais vous ne pouvez pas vous procurer le même produit sur Amazon en utilisant votre smartphone. Évitez l'effet "showroom" qui a nui aux détaillants traditionnels ces dernières années. En outre, toute cette surprise esthétique est réalisée sur environ 25 000 pieds carrés. Cela représente environ 20 % de la taille typique d'un grand magasin.

Dover Street Market présente de la même manière les marques et les idées sous forme narrative. La présentation est vivante et originale. Ils racontent des histoires sur les produits, leurs concepteurs et les clients potentiels. Le fondateur Kawakubo Re a déclaré aux journalistes. "Nous voulons créer une sorte de marché où les créateurs de différents domaines se réunissent et se rencontrent dans une atmosphère magnifique et chaotique. Une vision personnelle".

Dans une zone du magasin londonien, les chapeaux sont posés sur une pile de chaises de banquet qui se chevauchent les unes les autres, créant un effet de bois presque semblable à une sculpture. On tire un chapeau de l'une des "branches" de la chaise pour l'essayer. Le Nike Shop, une boutique dans la boutique, est organisé et présenté de manière unique. Bien sûr, vous pouvez acheter des vêtements d'entraînement Nike en ligne, mais grâce à l'ingéniosité de Dover Street Market, les clients pourront acheter sur place. Le shopping Nike est encore plus expérientiel car il peut se doubler d'un espace événementiel.

Dover Street Market enfreint de nombreuses règles locales en matière d'étalage. Il s'écarte de la manière traditionnelle de charger un chapeau sur une pile aléatoire de chaises ou des allées formées par les portants à vêtements qui sont omniprésents dans la plupart des rayons, en combinant une variété de marchandises empilées et suspendues. Les magasins utilisent de nombreuses stratégies d'exposition inattendues, comme la création d'allées à travers des structures d'exposition. Le résultat est une expérience d'exploration unique combinée à un ensemble de produits uniques qui reflètent à la fois l'esthétique du magasin, les aspirations du client et la soif de nouveauté et de surprise pour des achats pratiques et "sans friction".

TOUT EST PERSONNEL

Le processus de conservation de votre espace personnel vous aidera à vous préparer à prendre de meilleures décisions de conservation dans votre entreprise. Comme tous les muscles, les compétences en matière de conservation se développent par l'exercice. En outre, une fois que vous avez un sens aigu du style personnel - c'est-à-dire de la clarté et de la précision de ce qui vous fait vous sentir bien et de ce qui vous fait sentir inadéquat dans votre vie, vous pouvez appliquer cette compréhension et cette identification à votre entreprise. Avec une bonne curation, vous pouvez établir une relation de confiance avec vos clients.

Lorsque vous concevez et gérez une maison, un bureau, un espace de vente ou un produit, vous devez garder vos utilisateurs à l'esprit. Comme on le dit, plus vous comprenez comment utiliser l'espace (ou comment vous habiller et vous vêtir), plus vous pouvez faire preuve d'empathie envers les autres. En matière d'aménagement intérieur, vous devez tenir compte des personnes qui occupent l'espace et de la façon dont elles l'utilisent. Lorsque vous utilisez réellement un espace, vous devez sélectionner les éléments de design et les objets que vous placez dans l'espace. Posez-les. Comment aimez-vous vivre et vous sentir dans l'espace ? Ne soyez pas trop dangereux. Rien n'est aussi désagréable qu'un espace strictement tendu. L'humour apporte un soulagement bon marché. Il vous aide à vous détendre et à vous connecter. C'est un élément essentiel pour faire passer de nombreux types de messages, en particulier dans les conceptions qui comportent des motifs sophistiqués. Jonathan Adler a construit une entreprise basée sur cette idée, en incorporant des figurines fantaisistes et des motifs ironiques dans ses produits.

EXERCICE D'ESTHÉTIQUE : MOOD BOARD

Comme nous l'avons suggéré précédemment, les moodboards
sont un outil utile pour démarrer le processus de sélection. Il
s'agit d'un ensemble d'images, de matériaux, de textures, de
textes et d'autres indices visuels destinés à capturer un style, un
concept ou un sentiment et à définir la direction créative d'un
projet ou d'une idée particulière. Le mood board a trois
pouvoirs. (1) Imposer des choix et des compromis. Plus
précisément, quels sont les éléments à inclure sur le tableau, et
ceux qui ne sont pas aussi importants. (2) Vous devez étudier et
expérimenter le placement relatif des éléments sur le tableau.
En d'autres termes, ils déterminent comment les pièces se
combinent pour former une histoire cohérente et convaincante.
(3) Fournissez une plate-forme qui relie les éléments visuels et
autres aux émotions que vous essayez de rappeler.

La première étape de la curation consiste à toujours collecter des
idées et des inspirations sous forme d'images, de mots, de
textures et de matériaux. Cela nous donne une idée précise de ce
que nous aimons et de la façon dont les éléments interagissent
pour créer des histoires et des messages. L'édition, la deuxième

étape, est souvent beaucoup plus difficile. Il s'agit de décider des entrées à conserver ou à ignorer. La troisième étape est liée au placement. Où se situe chaque entrée, contextuellement, par rapport aux autres facteurs ?

La puissance du mood board réside dans la façon dont il combine tout, et pas seulement les images que vous sélectionnez. Plutôt que de vous fier uniquement aux photos et images de stock, utilisez de vieilles photos pour rechercher des textures (chaînes métalliques et liens en sisal, échantillons de peinture, petites dalles de pierre, etc.) Ne soyez pas lié à l'uniformité. Recherchez le contraste et les dimensions. Comment les opposés se complètent-ils ? Lorsque vous commencez à placer un élément à côté d'un autre, vous pouvez vous rendre compte que vous devez le modifier davantage. Certains choix ont été éliminés, et de nombreuses idées ont été modifiées et affinées. Ce qui fait qu'un tableau d'humeur fonctionne, c'est une édition réfléchie et une juxtaposition significative qui raconte une bonne histoire, transmet un message clair et suscite des émotions fortes.

CHAPITRE 8

ARTICULER L'ART

Supposons que vous ayez un résultat qui attire plusieurs sens. L'un d'eux est bien conçu et correspond à l'objectif visé. Un bon produit qui répond aux critères esthétiques décrits à ce stade (code robuste, activation multi-sensorielle, curation intelligente) ne doit pas rester sur une étagère et attendre d'être trouvé. Les clients et les parties prenantes (membres de l'équipe, vendeurs) doivent rapidement et facilement voir, sentir, expérimenter et comprendre le code et les autres formes de communication, apprécier intuitivement leurs avantages et leurs atouts et dépenser avec enthousiasme. Cet objectif est atteint par l'articulation. L'articulation, l'une des compétences critiques qui facilitent la capture et l'acceptation, présente et articule la stratégie esthétique et les idéaux du produit (y compris les avantages) par le biais de mots, de récits et/ou d'autres formes de communication - la capacité à transmettre. Les articulations se font par des impressions visuelles, mais aussi par le marketing et les messages. Chacune a une sensation esthétique.

Comme indiqué tout au long de ce livre, une bonne conception est essentielle au succès de tout produit ou service. Cependant, le modèle d'articulation le plus courant, un "briefing conceptuel", est aussi important que le produit ou le service lui-même. Ce document est un guide pour les rédacteurs, les artistes visuels, les designers, les merchandiseurs et autres pour planifier et produire un travail créatif sur la curation de produits. Définissez les consommateurs cibles et fournissez des plans pour les atteindre. Toutes les parties doivent comprendre les briefs créatifs. Le personnel interne doit savoir comment l'utiliser, et les consommateurs doivent apprécier le langage du résumé - un guide "interne" avec un objectif "externe".

Le département artistique peut créer ces briefs, mais cette tâche est souvent laissée entre les mains du dirigeant responsable du processus, idéalement le PDG. Les meilleurs dirigeants ne délèguent pas ces activités à des spectateurs. En fait, ils s'investissent dans la direction créative de leur entreprise et la connaissent bien, tout comme ils le font pour les fonctions analytiques, financières et opérationnelles. On pense que Steve Jobs accorde autant d'importance à l'esthétique et au design des produits Apple qu'aux caractéristiques et aux stratégies de vente, mais son approche pragmatique est toujours considérée comme une aberration. Comme je l'ai évoqué ici, la séparation de l'"esprit d'entreprise" et de l'"esprit créatif" est plus réalisable que jamais. À cette fin, il est prescrit que tous les spécialistes, et pas seulement les "créatifs", expliquent brièvement la stratégie esthétique du produit. Dans ce chapitre, nous creuserons plus en profondeur avec quelques exemples de la manière dont certains dirigeants ont commencé à ajuster le business de l'esthétique et le business des profits.

LA VALEUR DES MOTS

La priorité de la clarté esthétique est la spécificité. Elle est essentielle pour communiquer votre objectif, donner un sens à votre produit et susciter des émotions positives fortes. Et les équipes peuvent comprendre, dupliquer, améliorer et exécuter leurs visions. La spécificité garantit non seulement l'exactitude de l'expression, mais crée également un lien plus unique, plus puissant et plus mémorable avec le produit ou le service. À cette fin, chaque mot que vous choisissez pour décrire une marque ou un produit est essentiel. L'ambiguïté n'est pas acceptable. Par exemple, des mots comme "beau", "savoureux" et "doux" sont des adjectifs courants, tandis que des mots comme "avachi", "salé" et "gélatineux" représentent des informations précises et claires. Les mots que vous choisissez doivent rappeler votre expérience du produit (ou du service).

Tim Lomas, spécialiste de la psychologie positive et de la lexicographie interculturelle à l'université d'East London, affirme que de nombreux mots véhiculent une expérience émotionnelle particulière dans différentes langues qui n'ont pas d'équivalent en anglais. Il pense que l'apprentissage de cette connaissance améliorera la compréhension des nuances de l'expérience humaine. Si tel est le cas, l'apprentissage de nouvelles façons de décrire les expériences humaines permet de mieux cerner ces expériences et de les associer à des produits.

Lomas raconte que la première fois qu'il a appris le mot finlandais sisu, qui désigne une détermination exceptionnelle face à l'adversité, il a été inspiré par la recherche de mots qui n'ont pas d'équivalent natif en anglais. Les Finlandais affirment que les mots anglais tels que "grille", "patience" et "résilience" ne justifient pas la profonde force intérieure que le sisu véhicule lorsqu'il est utilisé par les acteurs vocaux. Parmi les autres mots de la liste lexicographique de Lomas, citons Arabe, état d'extase induit par la musique. Yuan at (chinois), sentiment d'accomplissement parfait et complet. Sukha (sanskrit), véritable bonheur permanent, quelle que soit votre situation. Et la nostalgie, un désir fort pour un autre être, même s'il ne peut être atteint. Le site de Lomas contient de nombreux autres mots intraduisibles.

Pour chaque mot (ou phrase) utilisé, répondez aux questions suivantes pour déterminer le choix correct :

➤ **DÉCRIVEZ-VOUS VOTRE PRODUIT DE TELLE MANIÈRE QUE QUELQU'UN D'AUTRE S'IMAGINE LA MÊME IMAGE QUE VOUS ?** Êtes-vous précis ? Par exemple, le tissu caractéristique de Burberry ne s'appelle pas un "plaid". Les tartans havane, noir et rouge sont connus sous le nom de "carreaux du marché du foin". KFC ne dit pas que le poulet frit est "délicieux" mais signifie qu'il faut "se lécher les doigts". D'ailleurs, l'original KFC représente le poulet frit du Kentucky, et non le poulet frit du Sud. Pourquoi est-ce important ? Le fondateur Harland Sanders voulait différencier son restaurant de tous ses concurrents du sud. À cette époque, les produits du Kentucky étaient exotiques et évoquaient un style d'hospitalité du Sud exceptionnel.

➢ **LES MOTS SONT-ILS "APPROPRIABLES" ?** En d'autres termes, peuvent-ils s'identifier rapidement et de manière unique à votre produit ? Par exemple, lorsque vous entendez l'expression "l'endroit le plus heureux sur terre", vous pensez à Disneyland. Lorsque vous voyez le slogan "Just do it", vous pensez à Nike. Il en va de même pour le slogan "jusqu'à la dernière goutte" de Maxwell House Coffee. La capacité à s'approprier des mots est encore plus puissante que la "propriété" d'une expression. IBM a historiquement porté le mot THINK. Aujourd'hui, Google "possède" la recherche de mots. Une sélection minutieuse des mots favorisera également la désirabilité (et la vente) des produits individuels. Par exemple, McDonald's ne vend pas seulement des hamburgers traditionnels et des sandwichs pour le petit-déjeuner. Il vend des Big Mac et des Egg McMuffins. De même, les parfums Ben & Jerry sont des parfums "appropriables", tels que cherry Garcia, chunky monkey, coffee toffee crunch, plutôt que la description générale de chocolat, vanille, fraise, etc. Dans le domaine des cosmétiques, le blush rose pêche le plus vendu de Narus s'appelle "orgasme". Lancé en 1999, ce produit a été un succès dès le départ. On dit que les clients sont tombés amoureux du nom autant que de l'ombre. Le dernier parfum de Tom Ford est non seulement fabuleux mais aussi foutrement fabuleux. Il se vend bien à 804 $ pour 250ml. Quelle femme au monde ne voudrait pas être ainsi considérée par son affection ?

Pour choisir les bons mots pour décrire votre entreprise ou votre produit, vous devez comprendre votre public. Que ressentent-ils avant de rencontrer votre produit ? Que se disent-ils de la qualité de votre produit et des avantages qu'il peut offrir ? Décrivez l'expérience émotionnelle que vous voulez faire vivre au produit. Que voulez-vous que les clients ressentent lorsqu'ils interagissent avec votre produit ? De quoi voulez-vous qu'ils se souviennent ?

➢ **LA LANGUE QUE VOUS VOULEZ UTILISER EST-ELLE CENTRALE OU ACCESSOIRE À L'EXPÉRIENCE QUE VOUS VOULEZ OFFRIR ?**
Dans de nombreux cas, lors de la rédaction d'une dissertation, les étudiants écrivaient une description

complète sur la page, mais il valait la peine de ne prêter attention qu'à certaines d'entre elles. (Notez qu'il a dû noter plus de 100 dissertations, il était donc particulièrement frustré par les efforts extérieurs). L'expression esthétique est non seulement une communication précise, mais aussi robuste et attrayante. C'est une expression typique et mémorable. Les discours passe-partout, les discours passe-partout et les discours d'affaires ne font pas la promotion de votre cause.

Par exemple, considérez que la plupart des câblo-opérateurs sont réputés pour susciter des émotions positives par le biais de la communication. Par exemple, si vous visitez le site Web de Xfinity, vous verrez des références détaillées mais amusantes aux formules d'abonnement basées sur des caractéristiques telles que les téléchargements en Mbps, le nombre de chaînes et les prix. Ce site regorge de données mais manque de voix et de personnalité. L'entreprise semble considérer les clients comme des acheteurs de services de machines, plutôt que comme de véritables personnes à la recherche d'options de divertissement. Il n'est pas surprenant que Comcast ait toujours eu la pire satisfaction client de toutes les entreprises ou agences gouvernementales américaines. En 2014, elle a été désignée comme "la pire entreprise des

États-Unis" par The Consumerist, un blog de consommateurs désormais obsolète. En 2016, Comcast a payé une amende de 2,3 millions de dollars pour mettre fin à une enquête fédérale sur une réclamation qui ajoutait des frais aux factures des clients, notamment des services non commandés, des boîtiers et des enregistreurs vidéo numériques. En 2017, J. D. Power et le site d'informations financières 24/7 Wall Street ont désigné Comcast comme la pire entreprise des États-Unis.

> **VOTRE MOT CORRESPOND-IL AU TON GÉNÉRAL QUE VOUS SOUHAITEZ DONNER À VOTRE PRODUIT ET À VOTRE ENTREPRISE ?**
Voulez-vous mettre en valeur la valeur de votre entreprise, et pas seulement les attributs et l'esthétique de son produit ? Prenez l'hymne national du fabricant de glacières Yeti. Quelques kilomètres après le dernier feu rouge. Vous êtes à côté de l'esprit rebelle qui parie sur la vérité et va un kilomètre plus loin. Comme vous, ils croient que, où que vous vouliez être, rien n'est trop loin. " Ces mots renforcent l'idée qu'ils fabriquent des produits qui peuvent être utilisés tous les jours, qui peuvent résister aux agressions et aux conditions climatiques

difficiles, et qui prennent soin des personnes ayant de larges limites physiques et émotionnelles. Le ton correspond à l'intention esthétique du produit.

POURQUOI ÊTES-VOUS ICI ? L'ANECDOTE

La narration, au-delà des mots individuels, définit des expressions qui incluent le récit, l'histoire, les traditions (et les mythes) de l'entreprise, les principes fondateurs, les raisons d'être et les instructions et consignes. Depuis peu, la plupart des sites Web d'entreprises et de produits comportent une section "À propos". Les gens veulent savoir avec qui ils font affaire. Pour les entreprises dotées d'un long héritage, comme Tiffany et Chanel, l'histoire et les traditions sont un élément essentiel de la narration, de l'établissement de la crédibilité et de la confiance, et de la transmission des informations à la génération suivante. C'est-à-dire leur mère ou leur grand-mère.

La pertinence est également importante pour une marque établie. C'est pourquoi le site Web de Tiffany comporte une section sur la durabilité et les pratiques minières responsables. Que vous soyez d'accord ou non avec l'initiative de durabilité, l'entreprise est tout de même très consciente des problèmes liés à l'approvisionnement et au traitement des diamants. En revanche, des entreprises comme Sears / Kmart ont beaucoup d'héritage et se sont révélées incapables de communiquer leur pertinence à leurs clients. À qui manqueront-elles vraiment lorsque Sears et Kumart auront complètement disparu ? Si vous ne pouvez pas montrer pourquoi votre produit ou votre entreprise doit exister, vous êtes condamné à disparaître. En outre, peu de gens remarquent ou se soucient de leur disparition.

Pour les nouvelles entreprises, une narration convaincante, en particulier dans le secteur des produits matures, redéfinit ce que les consommateurs veulent acheter et crée une demande qui n'existait pas auparavant. Pour ce faire, il faut mettre l'accent sur les principales différences par rapport aux produits existants, sur une valeur supérieure à ce qui est disponible et sur des avantages uniques que les consommateurs ne peuvent obtenir nulle part ailleurs. Bien sûr, une nouvelle entreprise nous attirera par sa nouveauté et son côté ludique, ou par sa technologie et son style sophistiqués. C'est un hommage à sa nouveauté. De cette façon, l'innovation peut être présentée comme un avantage (nouveau et excitant) plutôt que comme un élément négatif (nouveau et non testé).

PICTURE THIS

L'apparence est importante, surtout si les vignettes qui s'affichent sur l'écran de l'ordinateur sont susceptibles d'être les premières à être vues lorsque le client rencontre le produit. Plus que jamais, les images et les emballages que vous choisissez pour mettre en valeur votre produit, y compris les illustrations et les photos réelles, les logos, les emballages et les supports marketing, doivent être renforcés, dupliqués et ajustés. Le produit lui-même, comme les mots et les images, les tons et les textures, les humeurs et les personnalités, doit fonctionner de manière transparente.

Les images que vous sélectionnez reflètent-elles la personnalité et la mission de votre entreprise ? Les repères visuels et les images font-ils preuve de créativité, sont-ils authentiques et montrent-ils les attentes de la marque ? En outre, toutes les informations visuelles doivent trouver un écho auprès du public cible. Si le plaisir est une émotion fondamentale associée à votre marque, les images des gens transmettent-elles cette émotion ? Les couleurs utilisées sont-elles amusantes ? L'emballage renforce-t-il le caractère ludique ? Virgin est un bon exemple. Les logos comme la signature de l'entreprise ressemblent à des graffitis du fondateur Richard Branson sur une serviette de table. C'est votre visage nerveux, comme la personnalité audacieuse, rustique, et oui, amusante de Branson. Nickelodeon, un réseau de télévision, se sent également bien, grâce à la typographie en forme de ballon posée sur une éclaboussure orange. L'orange en soi est une couleur amusante, associée à une forme ludique, elle est vraiment vivante.

Les images et les repères visuels doivent également être cohérents. De cette façon, comme le mot sélectionné, il est possédé et associé à votre marque. Elle doit couvrir tous les points de contact, y compris les sites web, les publicités, les présentoirs en magasin et les messages sur les médias sociaux.

C'EST DANS LA BOÎTE

La conception des emballages a un impact visuel immédiat sur les consommateurs. Par essence, il s'agit d'une expérience multi-sensorielle. Dans un nouveau domaine de recherche appelé " neuro design ", on s'intéresse à l'emballage qui se distingue des autres, à la manière dont il contribue à la fidélité à la marque et à la façon dont l'homme peut susciter certains comportements et émotions chez les consommateurs. Essayez de comprendre ce qui peut être utilisé pour le fonctionnement du cerveau.

Certains des produits les plus esthétiques sont emballés dans des récipients d'une beauté propre, distincts du produit lui-même, et qui incitent les consommateurs à les conserver et à les réutiliser ou à les exposer. C'était autrefois le cas pour un petit nombre d'articles, comme les flacons de parfum et parfois les bouteilles de saké, mais cela inclut maintenant des choses comme les bougeoirs en verre, les récipients de maquillage et les tomates en conserve. Lorsque les produits originaux sont vides, ils peuvent tous être utilisés à d'autres fins, comme le stockage ou la présentation. Par exemple, Natasha Roller, une organisatrice d'événements basée en Virginie, a spécialement commandé des tomates Bianco di Napoli en Italie pour utiliser des boîtes de conserve attrayantes et bien conçues comme récipients à fleurs.

L'emballage doit raconter une histoire, et il doit être fait rapidement. La première impression est essentielle. Il doit provoquer une réaction émotionnelle positive chez les consommateurs. En outre, s'il existe des produits vendus par de nombreuses autres entreprises, ils leur font concurrence à la fois pour l'espace en rayon et pour l'attention. Un emballage adéquat aide à transmettre les avantages du produit, sa valeur et ses différences par rapport aux autres options sur un marché encombré. Surtout, il peut susciter et renforcer des émotions essentielles.

La couleur est essentielle. Des études montrent que près de 90 % des décisions instantanées prises sur des produits se fondent uniquement sur la couleur. Environ 80 % des consommateurs pensent que la couleur améliore la notoriété d'une marque. Des couleurs spécifiques, comme le noir, évoquent le drame et s'appliquent parfaitement aux marques de mode telles que Chanel et Gucci. Le bleu indique la fiabilité et est utilisé efficacement par American Express et Ford Motor Company. Les verts sont "naturels" et rajeunis. Les effets sur Starbucks et Whole Foods en sont la preuve.

ARTICULER LA BEAUTÉ

Les produits de beauté sont souvent à l'avant-garde du design et de l'emballage. Après tout, dans le monde du maquillage, des crèmes hydratantes et du mascara, la concurrence est féroce et une marque particulière a rarement le monopole des ingrédients et des formules des produits. Les entreprises doivent sans cesse innover, tant au niveau des produits que de l'emballage, pour attirer l'attention des acheteurs, des rédacteurs beauté et des consommateurs. L'expression explicite du produit est particulièrement importante, car les clients du secteur de la beauté ont tendance à être fidèles. Si vous trouvez un produit qui fonctionne, il n'est pas facile de changer de vitesse et d'essayer quelque chose de nouveau qui ne fonctionne pas. De nombreux clients (principalement les jeunes) ont tendance à essayer et à remplacer les produits de beauté chaque fois qu'ils changent de t-shirt, mais les défenseurs à long terme apportent le plus de valeur aux entreprises cosmétiques.

Ce n'est pas que ces joueurs standards n'essaient pas de nouvelles choses. Nous sommes toujours à la recherche de quelque chose qui fonctionne mieux, qui sent meilleur et qui est plus amusant. Le produit original signifie que vous devez être assuré qu'il vaut la peine d'investir pour l'essayer. Certaines marques y parviennent grâce à l'échantillonnage et aux testeurs de produits en magasin. D'autres ont gagné l'attention et la confiance grâce à d'autres atouts, comme des caractéristiques et des matériaux de haute qualité (c'est-à-dire du cuir plutôt que du plastique, du cristal plutôt que du verre et du laiton plutôt que du métal). L'apparence et le style des personnes qui travaillent derrière le comptoir. Afficher la propreté, l'ordre, la cohérence.

Dans le cas de la marque de soins pour la peau Philosophy, son introduction sur le marché était inattendue, et son succès a surpris le secteur. Nous avons recherché des consommateurs qui ne constituent pas le marché cible typique des accros de la beauté et des fabricants de produits de beauté. Cristina Carlino a fondé Philosophy en 1996 après avoir développé une autre ligne de cosmétiques à succès, Bio Medic, vendue dans les cabinets des médecins et des chirurgiens esthétiques.

ARTICULER L'EXPÉRIENCE DE LA RESTAURATION

Nix, le restaurant végétarien de New York, propose un banquet de style rail à deux places sur le mur en face du restaurant, ou vous pouvez vous asseoir à une longue table autoportante en érable bleu indigo derrière la maison Vous. Les bars en liège, les plantes vertes en pot et les murs scandinaves blanchis à la chaux créent une atmosphère estivale, même au milieu des hivers misérables et froids de New York. James Truman, qui a déjà dirigé des magazines tels que Vogue, Glamor et GQ en tant que rédacteur en chef de Condé Nast, est un innovateur de premier plan dans le concept d'espace et de restaurant, exprimant habilement une esthétique à la fois chic et saine. Accueil chaleureux et rafraîchissement du centre-ville.

Avant d'ouvrir le restaurant, Truman a réfléchi pendant des mois avec son chef, John Fraser, pionnier de la cuisine centrée sur les légumes, et l'architecte Elizabeth Roberts, qui a su mêler l'esthétique moderne aux éléments de design traditionnels. Rien n'a échappé aux yeux de l'équipe. Les détails de la couleur du coulis utilisé dans la salle de bain et la coupe et l'ajustement du tablier du personnel de poids ont été scrutés. "En tant que rédacteur, je suis arrivé au processus de conception en pensant davantage aux histoires, et non à l'esthétique pure. Quel est un récit global, et les décisions de conception comme un moyen d'établir et d'améliorer ce récit ? " dit Truman.

"Certaines des premières conversations renversent la perception selon laquelle les restaurants végétariens / végétaliens ne sont pas amusants, ne permettent pas de sortir ou de faire la fête, mais sont plutôt mornes, un lieu sans plaisir. Il n'y avait aucune raison pour qu'un restaurant végétarien ait une telle atmosphère, si ce n'est son précédent historique, qui, logiquement, était une sorte de retournement : pourquoi il n'était pas nécessaire de tuer des animaux Le restaurant ressemble à un enterrement, et le steakhouse à une célébration ? Ça n'a aucun sens. " Il ne voulait pas non plus que le restaurant ait une direction appelée le " modèle Brooklyn ". "Murs et planchers en bois brut, détails de la campagne du 19e siècle, uniformes de serveurs dignes d'un vieux film de western.

"C'était une déclaration sur les valeurs réelles, non urbaines, de la ferme à la table, mais elle était partout et a commencé à ressembler à une pose de hipster peu après, " souligne-t-il. "Au même moment, un nouveau modèle de cuisine innovante est venu de Scandinavie, dont le design affichait également les ingrédients, mais de manière très réfléchie et architecturale." Il est intéressant de noter, selon Truman, que cette répétition partage la valeur du design avec le design moderne japonais. Il pense que ce sera l'esthétique de design dominante dans les années à venir, en particulier pour les petits restaurants. "Les grandes salles sont conçues en pensant à la brasserie française et à Las Vegas".

TRANSPORT ARTICULÉ

Vespa Scooter, J. D. gagne 72,1 % sur l'ensemble des 24 véhicules pris en compte dans le prix annuel de la valeur de revente de Power. Autrement dit, à l'exception des véhicules rares et de collection, le Vespa Scooter a plus de valeur que tout autre véhicule en circulation. Cela est surprenant étant donné qu'ils ne vont pas très vite et n'ont même pas la puissance d'une moto Harley ou Honda. Le succès de Vespa est peut-être dû à son caractère unique. "Vespa est une marque de luxe", explique Chelsea Rammers, fondatrice de Moto Richmond, en Virginie, qui vend des scooters et des motos pour Vespa et d'autres marques. "La plupart des marques de luxe ont de la concurrence. Vespa n'a pas de concurrence."

Ce n'est pas tout à fait vrai. D'autres motos de luxe fabriquées par Honda et Yamaha sont moins chères et dépassent Vespa aux États-Unis. La nouvelle Vespa essentielle, la Primavera, coûte environ 3 800 $ et ne comprend pas les taxes ni les frais de concessionnaire. Le modèle le plus cher, la 946 RED, coûte 10 500 dollars, mais une partie de ce coût est reversée à une organisation caritative (RED) fondée par Bono, le chanteur de U2, pour lutter contre le VIH et le sida en Afrique.

Pourtant, aucun autre scooter n'a le même prestige, la même réputation ou la même histoire que la Vespa. Si vous regardez les films italiens depuis les années 1950, vous verrez que le personnage chevauche une Vespa. En fait, lorsque vous allez à Rome et dans d'autres villes italiennes, vous verrez une rangée de Vespa soigneusement garées à côté du trottoir. Elles ne sont pas seulement belles, mais aussi très fonctionnelles pour se déplacer dans les rues étroites de la ville. Cette utilisation, tant dans la culture populaire que dans la vie réelle, a conduit à un inconscient collectif. Vespa implique la liberté, l'urbanité, la sophistication, le style et le plaisir.

Une partie de l'attrait d'un scooter réside dans son design attrayant, qui reste fondamentalement inchangé. Ils sont presque identiques à ce que vous avez toujours eu. Le modèle de

1946 était épuré, et les scooters d'aujourd'hui ont l'air un peu rétro mais n'ont pas l'air kitsch ou démodé. Il est également en métal, mais les concurrents ont depuis longtemps remplacé les matériaux coûteux par des pièces en plastique moins chères. Ce sont, pour faire simple, de beaux objets qui durent longtemps. La structure de la Vespa possède ce que l'on appelle un cadre monocoque. Cela signifie que la carrosserie est un cadre. La plupart des autres scooters ont un panneau de carrosserie séparé fixé au cadre. Cette structure est légère et rigide. Le résultat est une conduite très douce, une qualité attrayante, surtout lorsqu'on navigue sur l'asphalte urbain et les pavés.

QUI A TOUT À Y GAGNER ?

Au-delà de l'affirmation de la valeur d'un bon design, nous appelons à des considérations et des discussions plus sévères sur les personnes que nous allons satisfaire et inspirer avec nos produits. Les préoccupations éthiques sont clairement liées. Comme les consommateurs veulent savoir, il est logique de réfléchir soigneusement à ce que nous faisons et à la manière dont nous pouvons le communiquer. Et ils sont frustrés par les entreprises qui ne se soucient pas d'eux. Selon une enquête de la compagnie d'assurance Aflac, environ 92 % des milléniaux déclarent qu'ils sont plus susceptibles d'acheter des produits d'entreprises éthiques. Une partie de l'engagement moral de la marque envers les consommateurs (et la planète) consiste à communiquer sur la manière dont les produits peuvent aider à la fois le "mieux" (raisons environnementales ou autres raisons sociales) et l'acheteur. Cette approche est de plus en plus importante à mesure que nous passons du consumérisme à la société de consommation.

Le consumérisme est né après la Seconde Guerre mondiale et notre situation économique. Dans les années 70, la principale activité économique de la personne moyenne est passée de l'épargne et des fruits aux dépenses en biens et services et au chapeau. Comme nous l'avons mentionné au début de ce livre, le consumérisme en tant que mode de vie s'est progressivement estompé après des décennies de règne constant. De nombreux cercles sont accueillis avec des doutes et de la lumière. La popularité du mouvement minimaliste est un tel indicateur que l'économie du partage et la croissance des entreprises basées sur l'expérience répondent au désir des gens de créer des moments et des souvenirs à vie. Nous nous réjouissons de cette transition. Nous avons trop de choses, et beaucoup de ce qui nous manque ont un sens, une durabilité et un caractère artistique.

CHAPITRE 9

L'AVENIR DE L'ESTHÉTIQUE

Il semble que nous vivions de plus en plus dans deux mondes. L'un recherche les interactions centrées sur l'humain, les connexions émotionnelles et les expériences qui ont été développées, spécialement pour nous en tant qu'individus. Les services numériques et la présence numérique pourraient bientôt remplacer mon mécanicien automobile, mon comptable et mon coursier, mais mon coiffeur, mon massothérapeute et mon architecte d'intérieur auront définitivement disparu (du moins pour un bon moment). Cette subdivision affecte l'esthétique, et l'esthétique évolue. L'évolution culturelle et démographique continue naturellement d'influencer ce qui nous fait nous sentir beaux et ce que nous rejetons comme peu attrayant et indésirable. Comme nous l'avons vu avec l'essor des médias sociaux, l'activité humaine continue de se concentrer sur ce que j'appelle les REM : relations, expériences et souvenirs.

Le désir de se connecter intimement, honnêtement et personnellement avec les autres a rejeté une certaine forme de médias sociaux et a signalé une nouvelle voie des milléniaux et d'autres personnes qui ont été marquées par l'immigration des villes dites superstars. De New York et Los Angeles aux petites villes qui pourraient conduire à la construction de la communauté. "Nous avons vu des éclosions de grandes villes ces dernières années", a déclaré Stephen Pedigo, spécialiste des affaires et du développement urbain, directeur de l'Institut Shack de l'immobilier à l'Université de New York. "L'endroit contient des idées sur ce que les gens des communautés urbaines veulent, et les petites communautés et les banlieues essaient de le faire à nouveau."

Cette migration peut être motivée par les progrès de l'économie (les zones métropolitaines sont chères à vivre) et les technologies qui permettent aux gens de travailler en dehors de la zone métropolitaine, mais pas beaucoup. Les petites villes prospèrent pour des raisons créatives d'origine humaine. L'esthétique, et non l'automatisation, continuera de soutenir et de stimuler la croissance de ces communautés créatives. Cela signifie que les gens partout, et pas seulement au cœur des grandes villes, trouvent et attendent le haut niveau d'esthétique des biens et services qu'ils veulent et dont ils ont besoin. Si vous ne pouvez pas les trouver, fabriquez-les. De nombreux entrepreneurs créeront des entreprises ayant une valeur esthétique complète et claire. À mesure que les entreprises existantes peuvent développer l'intelligence et les compétences artistiques de leurs employés, de plus en plus de personnes peuvent offrir l'expérience holistique et humaine qu'ils souhaitent, attendent et exigent.

LA CRISE ENVIRONNEMENTALE

Les consommateurs sont conscients qu'ils ne peuvent plus se satisfaire de l'environnement. Une façon d'exercer une responsabilité environnementale est de faire attention aux produits que vous achetez. Utilisez votre pouvoir économique pour susciter le changement et rendre le monde meilleur ou du moins moins moins toxique. Une étude menée par Cone / Porter Novelli sur la responsabilité sociale des entreprises (RSE) montre que les consommateurs s'intéressent à la fabrication de leurs produits.

De tous les groupes interrogés, les milléniaux utilisent le plus souvent le bouche à oreille et les médias sociaux pour partager des informations sur les entreprises qu'ils jugent responsables sur le plan environnemental et social. Comme les milléniaux deviennent des groupes d'affaires de plus en plus dominants, les entreprises doivent se préparer à garantir, promouvoir et soutenir leur impact environnemental. Et comme les millennials sont sceptiques face aux affirmations étranges, elles doivent être aussi dignes de confiance.

L'esthétique peut jouer un rôle essentiel dans cette initiative en créant une histoire claire et sans ambiguïté sur les politiques et les pratiques de l'entreprise en matière de fabrication écologique, notamment l'utilisation innovante d'emballages recyclables ou réutilisables. Nestlé, un géant international de l'alimentation, a annoncé en avril 2018 que tous les emballages seraient recyclables ou réutilisables d'ici 2025. Walmart et Werner & Mertz ont fait des promesses similaires. Organic Valley Packaging, un producteur de lait, est déjà recyclable (ou réutilisable). Patagonia, une entreprise de vêtements de sport, se dit "activiste" et se spécialise dans l'aide à l'environnement. Nous pensons que le fabricant d'appareils électroménagers de la septième génération a une mission sociale et environnementale similaire. Attendez-vous à voir davantage d'articles fabriqués à la main en réponse à l'intérêt des consommateurs pour des activités plus sociales et écologiques, des efforts de durabilité plus importants et des produits ayant un impact environnemental moindre. Cela favorisera une expérience plus tactile.

L'EXPANSION NUMÉRIQUE ET L'EXPÉRIENCE TACTILE

L'expansion et la diffusion d'ordinateurs avancés et d'appareils "intelligents". Automatisation accrue dans la plupart des domaines de l'automobile, des ménages et de la main-d'œuvre. L'accès moins cher et plus rapide à toutes les données est le résultat d'une tendance de plus de 40 ans. Certaines personnes accueillent favorablement les expériences et les produits de haute technologie, d'autres les rejettent et donnent une nouvelle tournure au concept de "fracture numérique". Nous ne sommes pas dans le monde de ce que nous avons et de ce que nous n'avons pas, mais dans le monde de ce que nous voulons et de ce que nous ne voulons pas.

L'automatisation remplace des emplois dans de nombreux domaines, comme les exploitations agricoles, la restauration rapide, la conduite automobile et le travail de bureau. Cependant, de nouveaux postes sont créés dans des secteurs qui exigent de la créativité, de l'originalité et une touche humaine (au sens propre du terme). Né, c'est pourquoi l'intelligence esthétique, comme l'art, la science et la stratégie commerciale, est si essentielle pour l'avenir du travail. Si vous n'avez pas de compétences artistiques, le monde numérique et le monde artisanal peuvent être hors de portée. La limite est que les ordinateurs peuvent et vont créer de l'art et de la musique. Cependant, nous pensons que les gens continueront à construire de manière beaucoup plus avancée et passionnante. Certaines s'apparentent à des "privilèges humains". Beaucoup préféreront les matériaux créatifs fabriqués par des personnes et des mains et paieront plus pour eux. Les tâches associées à l'établissement et au maintien de relations interpersonnelles complexes, y compris des carrières telles que les soins infirmiers, le coaching sportif et la psychothérapie, sont raisonnablement à l'abri de l'automatisation. Ici aussi, l'intelligence esthétique est nécessaire car la concurrence dans ces domaines s'intensifie pour maintenir et améliorer la clientèle des services.

Et avec l'amélioration de l'automatisation et de l'apprentissage par ordinateur, les gens recherchent des moyens plus créatifs et plus personnels d'améliorer leur qualité de vie. Cela nécessite des objets dotés de meilleures propriétés physiques, qui offrent un plaisir sensoriel et réduisent l'exposition quasi constante à la platitude d'un écran bidimensionnel. Le désir de sons toujours plus vibrants aide les entreprises technologiques à créer des expériences d'écoute plus réalistes. Les consommateurs souhaitent également vivre davantage d'expériences musicales en direct. On apprécie encore davantage les produits numériques qui offrent une expérience améliorée en termes d'arôme, de goût ou de toucher, ainsi que les produits non numériques qui offrent une expérience sensorielle riche. Dans le domaine de la mode et de l'habillement, les expériences sensorielles peuvent en fait être tissées dans le tissu. Pensez aux tricots épais et épais ou aux tricots à côté de textures très douces et douces et aux textiles avec des supports mixtes (par exemple, des matériaux remplis de duvet et des broderies en cuir et matelassées).

Dans l'alimentation, des ingrédients inhabituels et inattendus (par exemple, une glace épicée ou salée, des saveurs encore plus intenses, plus sucrées, plus piquantes et acides) repoussent les limites de l'innovation culinaire, mais on assiste également à un retour au "manger confort". Il offre un sentiment de chaleur et de nostalgie. Certains choisissent des aliments de l'ère spatiale comme le Soilent, mais la plupart d'entre nous souhaitent expérimenter une variété de sensations et de nouveautés lorsque nous nous réunissons pour manger.

Entre-temps, la technologie continue d'évoluer et s'intègre aux vêtements de fitness high-tech et autres wearables, permettant de suivre les pas, l'indice de masse corporelle (IMC), les calories brûlées et dépensées, la pression artérielle, et bien plus encore. La technologie affecte également les aliments et les boissons et conduit à des aliments plus fonctionnels qui peuvent améliorer la santé et l'humeur. Recess, basée dans la vallée de l'Hudson, est un précurseur de cette tendance. L'eau est infusée avec un extrait de chanvre non toxique qui aurait des propriétés analgésiques, anxiolytiques et anti-inflammatoires. Les boissons contiennent des adaptogènes, qui réduisent le stress et amélioreraient la mémoire, la concentration et l'immunité.

L'accent est mis sur le travail physique pratique pour atteindre la forme physique, par opposition aux entraînements de haute technologie tels que les massages, les nouvelles formes de yoga et autres exercices mentaux et physiques qui améliorent l'expérience sportive. Le Death Metal Yoga est un excellent exemple d'un cours qui comprend des coups de poing, des coups de pied, de l'air guitar, des coups de tête et une forte transpiration. Les centres de remise en forme sont également construits plus petits et plus proches des clients dans les zones rurales pour devenir plus personnalisés ou orientés vers des niches. Cela signifie un petit centre pour les groupes de population âgés et jeunes. Les transgenres ou ceux qui servent certains groupes religieux.

Se concentrer sur les petites communautés et leurs besoins est un moyen pour la plupart des entreprises, et pas seulement pour les sociétés de fitness, de devenir plus compétitives dans des zones surpeuplées. Les marchés de niche qui servent des groupes d'âge et des désirs différents sont de plus en plus courants, et leurs décisions esthétiques les distinguent. Pour compenser la dépersonnalisation de la société, les consommateurs aspirent à ce que leur personnalité soit reconnue, ce qui entraînera le prochain changement.

SÉCESSION TRIBALE

L'utilisation du mot sécession ne signifie pas que le pays est divisé en petites nations. Cependant, cela peut se produire, mais beaucoup d'experts en géopolitique et d'autres, comme l'illustre le Brexit, et prédisent que ce sera le cas. Pourtant, nous avons assisté à la croissance rapide des politiques identitaires, du tribalisme, du localisme, de l'activisme et du terrorisme malheureux en réponse à la mondialisation et comme une menace pour la culture, la langue et le mode de vie locaux. Plus que jamais, les gens tentent d'appartenir à des groupes qui représentent des émotions mutuelles, des valeurs et des objectifs partagés, ainsi qu'une cause ou un idéal commun qui examine les systèmes de croyance. Ces forces sont alimentées par les médias sociaux et peuvent miner aussi bien la démocratie que la dictature.

La croissance des " tribus " est portée par l'ère de l'hyper localisme (et le rejet de l'harmonie globale) et du " micro dominant ". " Le choix du mode de vie qui va conduire à la création de la marque. Les marques qui s'adressent à des micro-communautés (comme les personnes trans- ou sexospécifiques, les groupes religieux, les groupes historiquement oubliés et négligés) ne sont pas l'authenticité, l'intégrité et la transformation que les consommateurs veulent, mais ne peuvent pas toujours le faire. Redéfinissez le commerce de détail en créant et en expérimentant des produits créatifs. Trouvez-le maintenant. Le tribalisme est la force la plus puissante du monde actuel. La communauté devient tribale. Les marques forment des tribus. Les grandes entreprises sont des tribus.

165

Dans les affaires, cela signifie que les deux désirs des consommateurs coïncident. Tout d'abord, des produits sont présentés qui s'adressent à des groupes d'identification plus petits et plus spécifiques. D'autre part, certains produits véhiculent un sentiment de conception globale mixte qui est influencé par l'accès à diverses influences culturelles. L'amalgame et la fusion de l'héritage culturel créent de nouveaux groupes et identités hybrides tels que les "techniques tribales" et le "chic industriel". Les gens forment des groupes ou des "tribus" d'une autre manière en réponse à la peur de la réalité dure et imprévisible du monde extérieur. Des couvertures douillettes aux produits et services qui s'approchent de la sécurité et créent la confiance et le confort, Coco continue d'être nécessaire, ainsi que le support, pour soutenir cela.

BLURRED LINES

Comme il a été mentionné précédemment, les gens forment des groupes motivés par des idéologies, des intérêts et des croyances communes, mais il arrive fréquemment que les groupes et leurs membres s'identifient en dehors des normes conventionnelles. Les frontières entre les hommes et les femmes, les hétéros et les gays, les noirs et les blancs, les jeunes et les vieux s'estompent déjà. Par conséquent, de plus en plus de marques et de catégories autrefois divisées par sexe ou par âge deviendront unisexes ou proposeront des articles unisexes et des produits et services adaptés à l'âge. La marque pour enfants Primary propose des articles de base tels que des T-shirts, des leggings, des pantalons, des jupes et des robes dans des couleurs vives et unies, destinés à être portés par tous les enfants de zéro à douze ans ; les articles classiques pour garçons (pantalons, T) et pour filles (robes, jupes) sont commercialisés pour tous les enfants. Le projet Phluid, à SoHo, à New York, est peut-être le premier espace de vente au détail officiellement non sexiste au monde. D'une superficie de trois mille pieds carrés, ce magasin blanc brillant, doté de grandes fenêtres et de hauts plafonds, est à la fois un espace de vente au détail et une "plate-forme expérientielle", selon sa directrice du contenu, Jillian Brooks.

Le magasin, qui s'adresse aux consommateurs non conformistes et fluides, utilise des mannequins non sexistes personnalisés qui présentent des basiques unisexes de marques telles que Levi's et Soul land, ainsi que des choix plus avant-gardistes de Gypsy Sport, Skin graft, et le latex d'inspiration fétichiste de Meat. Le projet Phluid propose également sa propre ligne de T-shirts et de sweats à capuche, ornés de slogans tels que "Stronger together" et "One world". Une partie de sa mission est d'être abordable, donc les prix sont généralement inférieurs à 300 $. No Sesso ("pas de sexe/genre" en italien) est une autre marque qui a poussé l'idée de vêtements non sexués dans des domaines nouveaux et uniques en utilisant des combinaisons de couleurs vives, des méthodes d'attache, de couture et de broderie, des tricots irréguliers et des tissus gonflés ou très ajustés. Les vêtements s'adaptent à différentes morphologies (homme/femme, petit/petit, grand/petit) car ils présentent des caractéristiques convertibles ou transformables. En d'autres termes, les clients peuvent personnaliser les vêtements de nombreuses façons pour les adapter à leur morphologie et à leur identité.

L'établissement de liens humains positifs est un effort combiné qui a des répercussions considérables. S'il est bien fait, il peut conduire à des expériences de marque plus riches. Mais il incombe aux créateurs d'aligner leurs idées sur des motifs dignes d'être vécus personnellement et profondément. Le consommateur moderne, qui n'est plus motivé par l'accumulation de biens matériels, recherche la profondeur, l'authenticité et le sens. C'est pourquoi les marques qui perdureront auront une raison d'être - une raison qui va bien au-delà des motifs commerciaux, et qui unit et responsabilise les personnes touchées par leurs produits ou services. En fin de compte, c'est ce qui interpelle, oblige et ravit véritablement et éternellement leurs consommateurs - toutes les occasions de prendre soin d'eux et de les respecter non pas pour leur consommation mais pour leur humanité.

www.ingramcontent.com/pod-product-compliance
Lightning Source LLC
Chambersburg PA
CBHW060504030426
42337CB00015B/1724